나는 오늘부터
미국 대기업으로
출근한다

나는 오늘부터 미국 대기업으로 출근한다

강지은 지음

K-직장인의
미국 대기업 취업 성공기

오늘 하루도 너무나도 정치적인 조직 속에서 허덕이며

한국 직장 생활에 회의를 느끼고

더 나은 세계로 나아가고 싶은 직장인들에게

For Anthony
with Love

오늘은 새해의 첫날이다. 재작년은 나에게 너무나도 축복받은 한 해였다. 2021년 나에게 일어난 일들이 아직도 믿어지지 않는다. 오랫동안 꿈꿔왔던 일들이 실현되었다. 한국에서만 40년 이상을 산 내가 미국에 와서 석사 학위를 땄다. 또 탄탄한 미국 회사에 내가 원하는 업무로 취업하여 너무나도 좋은 사람들과 즐겁게 일하고 있다. 살면서 처음으로 알았다. 일하는 것이 즐거울 수 있고, 상사를 이토록 좋아하고 존경하여 상사와의 회의가 기다려질 수 있다는 것을. 덕분에 하루하루 감사한 마음으로 살아가고 있다.

하지만 이 모든 것이 하루아침에 이루어진 것은 아니다. 한국에서의 15년이 넘는 회사 생활에도 행복한 순간이 있었지만, 대부분 시간은 힘들었고 때론 절망적이고 암울했다.

한국의 대표 그룹인 LG, 현대, 삼성을 다 거친 나는 우스갯소리로 "SK만 다니면 대기업 그랜드슬램을 달성했다"고 말하곤 했다. 국내 굴지의 대기업들을 다니면서 이해 안 되는 것도 많았다. 내 능력을 발휘하며 회사와 같이 성장하고 싶은데 회사 분위기가 따라주지 않아 힘들었다. 삼성까지 다녀봤으니 이제 더 이상 한국에서 갈 회사도 없었다. 목표란 게 없어진 것 같았다. 그렇게 고민하다가, 한국을 떠나 더 큰물에서 터를 잡고 회사에 다니는 것이 행복해지는 길이겠다는 결론에 도달했다. 그래서 새로 설정한 목표가 바로 미국 진출! 많은 사람이 유학을 가고, 아메리칸 드림을 꿈꿨던 그곳으로의 진출 말이다. 나는 지금까지 15개국이 넘는 나라를 여행했다. 그렇게 여행 다니며 만난 외국인 친구는 많았는데, 여태 한 번도 외국에서 살거나 공부한 적은 없었다. 새로운 목표가 세워지자 나는 도전했고, 목표를 향해 노력했으며 결국 원하는 것을 이루었다.

이 책은 나의 세 번째 책이다. 정확하게 말하면 한국어로 내는 세 번째 책이고 영어로 쓴 책까지 따지면 네 번째 책이다. 감성이 이성을 이기지만 감성에 호소하는 책은 쓰지 않는다는 것이 나의 신조다. 대부분의 베스트셀러가 감성을 건드리는 책이라는 것도 안다. 하지만 내가 독자들에게 원하는 것은 나의 책을 통해 간접경험을 하고 감동만 받는 것이 아니라, 내 경험을 보고 그것을 발판 삼는 것이다. 독자의 감동으로 끝나는 것이 아닌 독자의 삶에 영향을 주어 행동을 끌어내는 것을 목표로 한다. 그래서 내 책을 보고 독자 스스로 인생에 대해 고민하고, '나의 목표는 이것이니 구체적으로 이런 계획을 세우고 저런 것을 해야겠다'고 생각해 궁극적으로는 그것을 행동으로 옮기기를 희망한다. 나의 롤모델인 경영학의 대가 피터 드러커가 그의 책『피터 드러커의 최고의 질문』에서 말했듯 미래의 불확실성에도 불구하고 계획을 수립하는 이유는 당신이 도달하기 원하는 특정 지점과 그곳까지 이르는 방법을 규명하기 위함이다. 그의 또 다른 책『프로페셔널의 조건』에서 그는 목표를 달성하는 데 가장 중요한 것은 실행 능력이라고 말한다.

아무 생각 없이 회사를 다니고, 회사에 복종하는 직장인들을 보며 실망했고 한편으론 안타까웠다. 그런 혼란한 파도 속에서도 본인의 소중한 삶과 커리어를 위해 나은 길을 모색하고 계획하는 분들이 있다. 나는 그분들에게 한 명의 동료가 되어 한국에서의 대기업 생활을 끝내고 미국으로 넘어와 공부하고, 취업하고, 정착하기까지에 이른 나의 여정을 공유하고 싶다. 부디 이 책이 좋은 길잡이 역할로 사용되길 바란다.

나의 여정은 결코 쉽지 않았다. 하지만 여러분도 할 수 있다. 여러분과 나의 차이는 내가 먼저 이 길을 걸었다는 것과 실행을 했다는 것뿐이다. 더 나은 인생을 위해 고민하는 여러분의 앞길에 행운을 빈다.

2023년 1월

강 지 은

목차

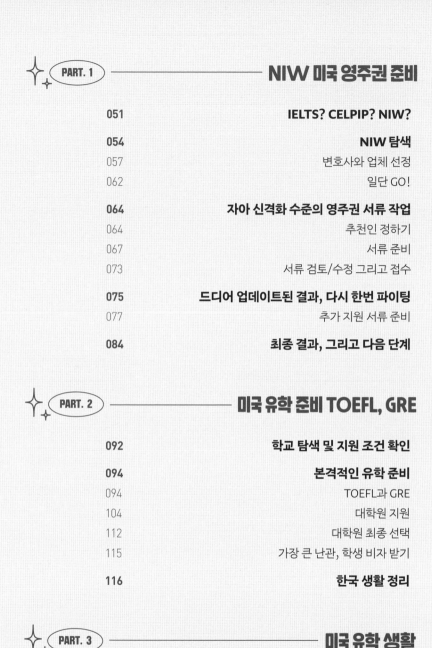

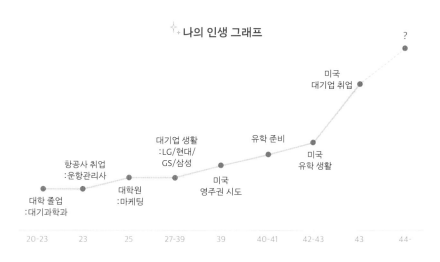

나의 인생 그래프

?

미국
대기업 취업

대기업 생활
:LG/현대/
GS/삼성

유학 준비

항공사 취업
:운항관리사

대학원
:마케팅

미국
영주권 시도

미국
유학 생활

대학 졸업
:대기과학과

| 20-23 | 23 | 25 | 27-39 | 39 | 40-41 | 42-43 | 43 | 44- |

내가 한국 대기업을 떠난 이유

"여러분을 가둬두는 것이 공간이든 시간이든 저와 같은 신체적
결함이든 부디 그것에 집중하지 마십시오. 다만 사는 동안 여러분을
자유롭게 할 수 있는 무언가를 찾는 데만 집중하십시오."

- 이미예, 『달러구트 꿈 백화점』

✦ 상사에게 복종하라

업체 선정 법칙

> *"당연히, 이러한 상급자의 '이해'를 미리 꿰뚫어 보고, 그 '비위'를 잘*
> *맞추면서도 하급자들을 '잘 굴릴 수 있는 자'가 선택될 것이다. 이런*
> *점에서 한국형 위계 구조는 조폭적이다."*
>
> – 이철승,『불평등의 세대』

하필이면 그 회사의 책상엔 칸막이가 없었다. 나는 곤란하고 당황한 표정으로 자리에 앉아 봉변을 당하고 있었다. 분명 내 자리 가까이 있는 사람들은 이 상황을 불가피하게 대면하고 있을 터였다. 공개 처형도 아니고 이게 뭐람.

> **부장**: 아니 그럼, 내가 김 상무님한테 강지은이 말 안 듣고 ○○○ 업체랑
> 일한다고 말하면 돼?

나는 당시 어떤 서비스 담당자였는데, 이 서비스의 수준을 높이는 작업의 한계에 봉착한 우리 팀은 이 문제를 같이 해결해줄 외주업체를 선정하는 중이었다. 3개 업체와 여러 번의 미팅을 통해 우리가 무엇을 함께할 파트너를 선정하려고 하는지에 대해 충분히 설명했다. 이후 내부 심사위원들이 각 업체의 프레젠테이션을 들으며 미리 준비한 점수표를 기준으로 업체들을 평가했다. 나는 그 결과를 보고하려고 보고서를 작

성하고 있는 찰나였다. 그런데 저 부장(팀장과 나 사이의 사수 정도 되는 위치)이 내가 작성하던 결과보고서를 보더니 화를 내며 이런 공개 처형을 공연한 것이다.

> **나:** 프레젠테이션 결과가 이렇게 나왔고 그대로 보고서를 작성하고 있는데 뭐가 문제인 거죠?
>
> **부장:** 아니 김 상무님이 A사랑 일하고 싶어 하시는데 상무님 말씀 거역할 거야?

해석하자면 보고서를 보니 내가 프레젠테이션 점수가 1등인 다른 업체랑 일하는 것으로 보고서를 작성 중인 거 같은데, A사는 프레젠테이션 점수가 2등이지만 상무님이 원하는 업체이니 이 업체를 회사가 선정하도록 보고서를 써야 한다는 것이다. 부장은 도무지 나라는 사람의 행동을 이해할 수 없고 어이없다는 표정을 짓고 있었다.

> **나:** 저는 담당자로서 프레젠테이션 결과를 있는 그대로 작성해서 보고하는 겁니다. 상무님이 A사랑 일하고 싶으신 것은 상무님이 결정하실 일이고 저는 결정권자가 아니기 때문에 실무자로서 업무 프로세스에 맞춰 일하면서 어느 업체가 같이 일하기에 좋을 것인지 의견을 말씀드리는 겁니다.

부장은 내 말을 듣더니 열 받아서 자리를 박차고 사무실을 나가버렸다. 몇 달 후 나는 회사 근처 족발집에서 상무님이 원하던 A사 직원들, 그리고 상무님과 점심을 먹고 있었다. 나는 내 소신대로 프레젠테이션 점수를 보고했지만 어찌어찌하여 A사가 선정되었다. 나랑 트러블이 있었던 부장의 마음속에는 내가 너무 이해할 수 없는 이상한 사람으로 포지셔닝이 확실히 되었고, 그럼에도 나는 늘 그렇듯 내 소신대로 일했다. 그 낙하산 업체가 제멋대로라 고생하긴 했지만… 1등 업체를 1등 업체라 부르지도, 대우하지도 못하는 현실이 슬펐다.

무엇을 시키든 하라면 그냥 하라

"정작 참기 힘든 것은 육체의 고통이 아니다.
부당하고 비합리적인 일을 당했다는 데서 오는 정신적 고통이다."

— 빅터 프랭클, 『죽음의 수용소에서』

사람이 순간적으로 너무 황당하고 어이없는 상황에 맞닥뜨리게 되면 이렇게 할 말을 잃는다. 누군가 가슴에 묵직한 돌 하나를 내려놓고 간 듯 마음이 답답하고 숨이 가쁘다. 보이지는 않지만 머리카락이 쭈뼛거리는 것 같다. 어느 정도 적당한 분노였다면 그냥 뚜껑을 열고 우주로 날려 보냈을 텐데, 극한의 분노와 환멸을 경험하면 이런 증상이 나타나는구나… 나의 분노는 수치를 초과한 나머지 되레 할 말을 잃었고 몸의 반사기능은 약속이나 한 듯 마비되었다.

팀장: 필요 있든 말든 시켰으면 해야지!

쌍꺼풀이 없는 그의 눈은 앞트임, 뒤트임을 한마냥 커졌고, 커다란 덩치에 양손이 부들부들 떨리는 모습이 나를 씹어 먹고도 남을 것 같았다.

당시 우리 회사는 한 IT 솔루션 업체 A와 파트너십을 맺었는데, 마침

A사가 다른 솔루션 업체 B를 인수했다. 그러면서 우리 회사도 B사의 솔루션을 적극적으로 홍보하기 시작했고, 우리 회사의 상품 한 모듈에 B사 솔루션을 포함시키고자 했다. 마침 우리 회사 고객사 중 인도에 있는 한 고객사가 이 B사의 솔루션에 무척 관심을 보이면서 솔루션 Demo 시연을 요청했다. 이에 우리 회사는 파트너십을 맺고 있는 A사에 Demo 시연을 요청했다. 그런데 A사는 B사 솔루션에 대한 Demo 시연 요청이 너무 많아 스케줄을 잡기가 어렵다고만 했다. 우리 팀 임원은 그렇다고 고객사에게 Demo 시연이 불가능하다고 할 수는 없으니 내부에서 누군가 하는 게 좋을 것 같다 하였다. 이에 팀장은 나에게 이 업무를 지시했다. 나는 전생에 무슨 죄를 지었을까? 아마 나라를 팔아먹은 것에 준하는 죄를 지었음이 틀림없다.

그날은 1월의 어느 목요일이었다. 팀장은 나에게 이메일로 다음 주 초에 내가 준비한 Demo 시연을 리뷰하자고 업무 지시를 했다. 나는 그때까지 어떤 Demo도 시연해본 적이 없었다. 심지어 이 솔루션은 우리 회사 솔루션이 아니기에, 계정이 없어 솔루션에 접속해보지도 못하는 상황이었다. 나뿐만 아니라 팀장도, 임원도, 이 솔루션에 대해 정확히 알지 못했다.

그 이메일을 받은 후의 주말은 악몽과도 같았다. 금요일 회사를 떠나면 기억상실증에 걸린 사람처럼 회사가 머리에서 삭제되는 나지만 이번 일을 달랐다. 주말에도 악마처럼 그려지는 팀장 얼굴이 떠올라 너무 괴로웠다. 그러던 중 월요일에 희소식을 접했다. 알고 보니 A사에서 고객사에게 직접 소통해서 Demo 시연을 해주기로 해놓고 우리 회사에는 그 얘기를 쏙 빼고 그냥 Demo 시연이 어렵다고만 전한 것이다. 자연스럽게 나는 이 업무에서 해방되었다. 체했던 속이 후련해지는 기분이었다.

그러던 화요일, 우연히 팀장과 사무실 복도에서 마주치게 되었다. 나를 지나치려던 그는 갑자기 획 돌아서며 물었다.

팀장: 그 Demo 시연은 언제 리뷰 가능해?

나: 네? 그거 A사 전문가가 하기로 한 거 아닌가요?

팀장: 그래도 내가 시켰으니까 해야지!

나: 네? 제가 하지도 않는데 왜….

팀장: 필요 있든 말든 시켰으면 해야지!

팀장이 어떤 모습이었는지 내 필력으로는 다 담기 어려워 고대 철학자의 표현을 빌리기로 한다.

분노에 사로잡힌 사람들이 제정신이 아님은 그들의 모습을 보면 알수 있다. 미친 사람들이 오만하고 위협적인 말투, 불행한 표정, 찌푸린 이마, 흥분한 걸음걸이, 떨리는 손, 얼굴색의 변화, 거칠고 가쁜 숨같은 분명한 징후를 보이듯, 화난 사람들도 같은 징후를 보인다. 화난사람은 눈빛이 이글이글 불타오르면서 번득이고, 몸속 깊은 곳의 장기들에서 끓어오른 피로 얼굴이 시뻘게지고, 입술이 떨리고, 이를 악물고, 머리카락이 곤두서고, 거칠고 가쁘게 숨을 쉰다. 또한 사지가뒤틀리면서 관절이 꺾이는 소리를 내고, 한숨을 쉬고, 신음을 내고, 알아들을 수 없는 소리가 뒤섞인 말을 하고, 양 주먹을 맞부딪치고, 발로 쾅쾅 땅을 구르고, 온몸으로 격렬하게 '분노의 강력한 조짐'들을휘두른다. 얼굴은 흉하게 일그러지고 점점 부풀어 올라 차마 지켜보기 역겨울 정도다. 이것을 보고 '혐오스럽다'고 해야 할지. 아니면 '기

이 순간이다. 내 심장이 멎을 것 같아서 당장 CPR(심폐소생술)이 필요한 순간. 지금 당장 Demo 시연을 할 고객이 없고, Demo에 접속할 계정조차 없는데 어떻게 시연 준비를 하냐고 항변하자 고객은 나중에라도 생기는 것이고, 계정이 없으면 동영상이라도 틀어서 준비하라면서 계정만드는 것 또한 담당자가 알아서 하는 거라고 한다(참고로 그 솔루션 계정을 받는 데 1.×억이라는 견적을 받은 상태라는 것은 이분도 나도 잘 아는 사실이다).

세상에 이런 대화가 오갈 수 있구나. 불가능한 상황이 펼쳐진 나머지 나는 어떤 대응도 하지 못했다. 몇 시간 동안 가슴이 벌렁거렸고 호흡이 요동치고 두통이 밀려왔다. 그 이후 몇 번이나 언제 Demo 시연을 할 수 있냐는 협박성 이메일을 받았다.

나는 이 일로 상당히 스트레스받았고 급기야 직장 괴롭힘 신고까지 알아봤다. 고용노동부에 문의하고 신고 방법과 관할 변호사 정보를 전달받았다. 하지만 나는 이 바닥을 잘 알고 있었다. 나의 신고가 문제 해결을 위한 시그널이 아닌 문제 무마용으로 끝날 거라는 사실을. 그래서 다시 한번 참았다. 이 일로 나의 몸에 적신호가 나타나지 않길 바라며….

시간 깡패

"효과적인 리더십의 기초는 조직의 사명을 깊이 생각하고 그것을 규정하고 또 그것을 명확하고도 뚜렷하게 설정하는 것이다."

– 피터 드러커,『프로페셔널의 조건』

금요일 오후 5시.

상사: 내일 나올 수 있지?

나: 네? 내일이요? 토요일이라 해야 할 일이 있는데요….

상사: 왜 못 나와?

나: 계획된 일이 있어서요….

상사: 왜?

사실 대부분의 예스맨, 예스우먼들은 이런 경우 주말에도 나온다. 배우자가 병원에 입원했는데도 나와서 일하는 사람까지 봤다. 하지만 나는 어느 순간부터 주말에 나오는 것이 부질없다는 걸 느끼고, 당연하지 않은 일에 대해서는 반항(?)을 하는 사람으로 나를 포지셔닝하기로 했다. 이렇게 무턱대고 주말 출근을 강요하는 경우, 주말에 나와 일해도 스트레스를 받고, 안 나와도 스트레스를 받는다. 그럴 바엔 안 나오고 스트레스를 받는 것이 현명한 방법이라고 결론지었다. 주말에 일을 안 하고 스트레스를 조금 덜 받는 상황을 지향하기로 했다. 나는 매우 소중하므로.

사실 주말에 나와서 일을 해야 하는 이유를 모르겠다. 이유나 알면 나올 마음이 그나마 생기겠는데 다음 주의 진행될 보고가 중요하다는 이유만으로 월요일에 해도 되는 일을 주말까지 나와 대기하며 똑똑하지 못한 임원의 질문에 답하는 식으로 비효율적인 시간을 보내기 싫었다. 결국 우울한 기분으로 무거운 몸뚱어리를 이끌고 집으로 향할 게 뻔하니 그런 내가 불쌍해 차마 그대로 내버려둘 수 없었다.

머릿수 채우기

"효과적인 리더는 리더십의 궁극적인 과제가 인간의 에너지와 비전을 창출하는 것임을 알고 있다."

　　　　　　　　　　　　　　　　　　- 피터 드러커,『프로페셔널의 조건』

　이유를 알 수가 없다. 이해가 가지 않는다. 이 교육을 들어야 하는 이유를 당최 모르겠다.

　이 교육이 내 업무에 도움이 되고, 내 업무와 관련된 것이라는 생각은 전혀 들지 않는다. 그렇다고 교육과 관련된 업무를 미래에 내가 담당할 가능성도 없다. 그래서 나의 몸과 마음은 강한 거부 반응을 일으킨다. 너무 가기 싫고 교육 날이 다가오는 것만으로도 두렵다. 심지어 3일짜리 교육이다. 어떤 이는 "3일 동안 일 안 하고 가서 놀면 되지 뭐가 문제고 그리 심각하냐"고 반문한다.

　'XYZ 기술 훈련 교육'. 난 기술자나 엔지니어가 아니다. 데이터 분석을 해서 마케팅을 하는 사람이다. 커리큘럼을 보니 개발자 레벨의 교육인데 이 교육을 왜 나보고 가라는 거지? 개발자 레벨로 진행되는 교육이라면 과연 내가 그 교육을 알아듣고 따라갈 수나 있을지도 의문이다. 이 교육이 나에게 필요할 것 같아서 들으라고 한 것이 아니라, 할당된 2명의 교육자 자리 중 하나를 만만한 나에게 던진 기분이다. 땜빵 교육, 한 인격체가 아닌 할당된 교육 자리를 채우기 위한 부품, 나사가 된 기분이다. 시간이 너무 아깝다. 왜 받아야 하는지, 이 교육을 받고 어디에 써먹어야 하는지 도무지 알 길 없는 3일짜리 교육을 어떤 마음으로 들어야 하는지 방법을 찾지 못하고 있었다.

그때 한 부장님이 내 눈에 포착되었다. 나와 함께 뜬금없는 기술 훈련 교육 참석에 당첨된 부장님이다. 물론 이분도 교육과 관련된 업무를 하는 분은 아니었다.

> **나**: 'XYZ 교육', 부장님도 가시는 거죠?
>
> **부장**: 응.
>
> **나**: 이 교육, 부장님 업무랑 연관되세요?
>
> **부장**: 아니.
>
> **나**: 저도 그래요. 그래서 이 교육을 왜 들어야 하는지 모르겠어요.
>
> **부장**: 시키니까 듣는 거지….

답답한 마음이었던 나는 공감 능력이 부족한 직장 동료 때문에 더 큰 상처를 받고 후퇴했다.

나는 왜 해야 하는지도 모르는 일을 상사가 시킨다는 이유만으로 하고 싶지는 않다. 내 능력이 잘 발휘될 수 있는 적절한 곳에 나를 배치하고 나의 역량을 100% 이상 끌어내 활용할 의무가 회사에, 상사에게 있다고 생각한다. 나는 부품이 아닌 회사의 자산이자 인재다.

✦ 인권은 어디에

세상에 이런 일이

"만일 자신이 속해 있기에 적합하지 않은 조직이라면 그리고 그 조직이 부패한 조직이거나 혹은 성과를 인정해주지 않는 조직이라면 그에 대한 올바른 의사결정은 그곳에서 물러나는 것이다. 승진 그 자체는 중요한 것이 아니다. 중요한 것은 승진할 자격을 부여받는 것이고, 공정하게 취급받을 수 있는 여건이 되는가 하는 것이다. 만일 그런 조직에 속해 있지 않다면 그 사람은 스스로 자신이 이류라는 것을 받아들이기 시작하게 될 것이다."

– 피터 드러커, 『프로페셔널의 조건』

그 회사는 참 진급이 어려운 회사였다. 대리 진급 시험이 있어서 대리 진급 대상자는 시험이 다가오면 업무를 전폐하고 시험공부에 매진했다. 나는 과장 진급 대상이었다. 과장 진급은 매니저급이 되는 진급이기에 까다롭고 진급율이 낮기로 정평이 나 있었다.

그날의 모욕을 잊을 수가 없다. 우리는 9층 회의실에서 매주 진행되는 팀 회의 중이었다. 표정 관리가 안 됐다. 마음은 이미 화산폭발로 용암이 흘러내리고 그 여파로 내 몸까지 녹아내리는 기분이었다.

상사: 이번에 우리 팀에 진급 대상이 A, B, 강지은인데 강지은만 진급 안 됐잖아. 자 모두 위로의 박수!

나: (??? 내가 뭘 들은 거지?)

한 팀원은 황당한 장면을 직면하고는 얼굴이 붉어지고 부르르 떨린다. 괴성이라도 질러 나의 분노를 표출하고 싶었고 당장 그 방을 뛰쳐나오고 싶었다. 나의 본능은 그랬다. 그러나 나는 이성의 끈을 간신히 잡고 있었다. 그렇게 20분이나 더 지속된 그 화생방 훈련 같던 시간을 이성이라는 끄나풀을 간신히 부여잡으며 인격체를 가진 한 인간으로서의 존엄한 나 자신을 지켜냈다. 나는 화생방전이 끝나고 나서야 그곳을 탈출할수 있었다. 이 화생방전을 회상하는 지금도 마무리를 고귀하게 끝낸 나자신이 대견하다.

노예계약

"타고난 자질과 환경이라는 제한된 조건 안에서 인간이 어떤 사람이될 것인가 하는 것은 전적으로 그의 판단에 달려있다."

— 빅터 프랭클, 『죽음의 수용소에서』

경쾌한 마우스 클릭 소리와 함께 이메일이 오픈되었다. 팀장에게 온이메일이었다. 어느 고객사의 요청에 의한 프로젝트에 내 전문 분야인CRM이 포함되어있어서 내가 3개월간의 프로젝트에 같이 참여했으면좋겠다는 내용이었다. 자세한 프로젝트 내용을 검토하기 위해 첨부된파일을 보니 근무 조건에 반드시 세종시에서 근무해야 한다는 내용이포함되어있었다.

팀장이 보낸 프로젝트 내용을 요약한 이메일에는 근무지에 대한 언급은 빠져있었다. 나는 먼저 메신저로 근무지에 대해 문의했다. 1초 만에 답이 돌아왔다. 세종시가 맞다. 그리고 팀장의 호출.

> **팀장**: 근무지가 세종시에요. 무슨 문제라도 있어요?
>
> **나**: 업무 상세 내용을 보니 타이틀은 CRM인데 시스템 쪽 업무에 좀 더 가까워서요. 제가 해본 일도 아닌 데다가 프로젝트 합류 요청을 하실 때는 근무지에 대한 얘기를 하시는 게 맞는 거 같습니다. 그리고 제가 하게 되면 세종시 통근을 하더라도 거주는 힘들 것 같습니다.
>
> **팀장**: 아니, 왜 그게 힘들어요? 회사에 들어올 때 해외든 지방이든 회사가 가라고 하면 그러는 것으로 알고 입사하는 것 아닌가요?
>
> **나**: (난 아닌데???)

이 상황도 이해가 안 가는데 나를 더 슬프게 하는 것이 있었다. 바로 자초지종 사정을 얘기하며 울분을 토하니 "회사가 다 그렇지…"라는 동료들의 반응이었다. 이런 팀원들이 있어서 저런 팀장이 탄생하는구나…. 회사가 원래 어디든 가라고 하면 가야 하는 거니 리더도 당연한 듯 그렇게 시키고, 회사는 월급 주는 신이시니 무슨 말을 하시든 그에 따라야 하는 거고…. 이런 건 원래 그런 거고….

하지만 난 입사 시 그런 약속한 적 없다. 그리고 애당초 원래 그런 거란 건 없다.

죽으라면 죽어야지

"동양의 작동원리인 연공과 조직의 안녕을 위협하며 지식 세계의 정

당성에 도전하는 똑똑이들은 그리하여 조직에서 제거되어야 할 대상으로 전락한다. 조직이 원활하게 작동되는 데 다른 목소리와 가능성을 이야기하는 자들은 새싹이 아니라 반역의 씨앗인 것이다. 동아시아 위계구조, 동아시아의 권위주의가 유독 바른말 잘하는 똑똑한 젊은이들에게 가혹한 데는 이유가 있다. 이 구조에서 현명한 젊은이란 숙청의 칼날을 피할 줄 아는 자다. 칼날을 피한 자가 살아남고, 살아남은 자가 종국에 연공적 위계구조의 정점에 이른다. 서양에서 버르장머리 없는 아이는 경제와 정치의 리더로 등극하지만 동양에서 버르장머리 없는 아이는 조직의 쓴맛을 보고 침묵하는 법을 배우게 된다.”

– 이철승, 『불평등의 세대』

"회사가 죽으라면 죽어야죠….” 드라마 대사가 아니다. 현실에서의 대사다. 현실에 이런 대사가 존재하는지 몰랐다. 현실을 한참 잘못 알고 있었던 것 같다.

그 당시 악명 높은 고객사가 있었다. 선배들이랑 커피 타임을 가지면서 회사 돌아가는 얘기를 할 때, 그 고객사가 화제였다. 그 고객사는 유명한 악성 고객으로 과거에 그 고객사 프로젝트를 하다가 덤터기를 쓰고 퇴사한다고 말한 선배가 있었는데 퇴사도 쉽지 않았다며, 그 고객사와 관련된 프로젝트는 맡지 말아야 하고 만약 그 프로젝트를 맡게 되면 거의 죽음이라고 했다. 남의 이야기일 줄만 알았다. 그 죽음이….

내가 맡은 프로젝트의 고객사 회사로 출근한 지 4주째, 오늘은 금요일로 이 프로젝트의 마지막 날이다. 이제 다음 주에 다시 본사로 들어가서 업무 정리를 하고 다음 업무를 준비하면 될 참이었다. '띠릭~' 그때 이메일이 도착했다. 나의 분노 게이지를 상승시킬 내용이 담긴. 간추리자면 '월요일부터 당장 그 악명 높은 고객사로 가서 일해라…'는 내용이었는데, 여기서 나의 분노 포인트는 여러 가지였다.

첫째, 다음 주 월요일부터 시작해야 할 다른 프로젝트 업무 지시를 금요일 오후에 알린 점. 둘째, 근무지가 바뀌는 업무 지시를 양방향 커뮤니케이션을 통한 협의가 아닌 일방 커뮤니케이션(이메일)으로 통보한 점, 셋째, 위도우메이커(매우 위험한 일)를 나에게 던진 점.

일단 월요일에 본사로 들어가서 얘기를 좀 하자고 요청했다. 이미 몇 시간 후면 금요일 저녁이고, 이번 프로젝트는 미리 얘기된 것도 아니었으며 너무 갑작스럽게 던져진 것이었기에.

월요일 본사 상황, 팀장이 나를 부른다. 프로젝트에 대한 간단한 설명을 들은 뒤(진작 이랬어야 하는 거 아님?!) 프로젝트를 하게 될 시 우려되는 이슈에 대한 나의 항변(?)이 이어졌다.

팀장: 회사가 죽으라면 죽어야죠….

나: ???….

이에 대한 동료들의 반응은 나를 또 한 번 기운 빠지게 했다.

동료 1: 그런 사람 우리 회사에 많아.

동료 2: 그래도 팀장이니 니가 왈가불가할 순 없지.

이런 말이 나의 염장을 지른다. 분명 난 그런 계약을 한 적이 없는데 회사와 나는 노예 계약으로 맺어져 있는 듯했고 노예 제국에 나만 반항

아로 떨어져 있는 기분이었다.

✦ 성과주의가 아니다

인재 채용 무법지대

> *"경영자가 내리는 결정 가운데 인사 결정만큼 중요한 것은 없다."*
>
> *- 피터 드러커, 『피터드러커의 경영을 읽다』*

'회사가 이런 데구나…'라는 생각을 처음 하게 되었던 날이었다. 나는 패기 넘치는 대리였고, 여름방학 시즌을 맞아 대학생 인턴 2명이 나에게 할당되었다. 나도 경력이 많거나 성숙한 상태는 아니었는데, 내가 팀에서 막내이고 인턴들과 가장 나이 차이가 적어 그들과의 교류에 용이할 것이라는 이유로 그 대학생 인턴 2명의 6주간 멘토로 당첨되었다.

인턴 1은 170cm 초반대 키에 미소년 같은 스타일의 남자였고 컨설팅 회사에서의 인턴 경험이 있었다. 약간 겸손하지 않은 스타일이며 아는 체를 많이 했다.

인턴 2는 씩씩한 스타일의 여성으로 장군감이라는 느낌이 들었다. 인턴 경험은 없지만 항상 웃고 싹싹하고 바지런했다.

인턴들은 과제를 부여받아 6주간 진행하면서 마지막 주에 프레젠테이션을 하고, 그중 한 명이 정식 사원으로 채용되는 서바이벌 게임에 참여하게 되었다.

프레젠테이션 날! 각각 20분씩 주제에 대해 수줍은 보디랭귀지를 써가며 발표하는 인턴들의 모습을 보고 우리는 나름 평가항목과 점수부여 가이드가 있는 문서에 정성껏 평가했다. 팀장과 나를 포함한 5명의 인원이 진지하게 프레젠테이션 평가에 참여했다.

인턴 담당자이자 막내인 나는 평가표를 취합하여 총계를 내고 팀장님께 리포팅을 했다. 결과는 압도적인 인턴 2의 승리! 인턴 1은 최선을 다하지 않은 느낌에 약간의 설렁설렁함이 느껴졌다. 인턴 2는 꼭 이 정식 직원 채용 자리를 차지하고 싶다는 굳은 의지가 듬뿍 담긴, 성의 있고 비교적 디테일한 프레젠테이션을 준비했다. 인턴 2의 점수가 모든 면에서 압도적인 것은 당연해 보였다.

팀장: 인턴 1을 뽑는 게 낫지 않을까? 강 대리 생각은 어때?

내 귀를 의심했다. 내가 잘못 들은 것일 것이다. 아니면 팀장이 인턴 1과 2를 헷갈려 얘기한 것이리라. 그러나 슬픈 예감은 틀리지 않는다. 팀장은 다시 한번 인턴 1을 얘기한다.

이런 질문에는 어떻게 답하는 게 지혜로운 것일까? 나는 그때 경력 5년 미만의 주니어였고, 세련되게 답할 지혜가 없었다.

나: 인턴 2가 이러이러하게 잘해서 점수가 높았습니다.

아마 팀장은 아래와 같은 답을 원했을 거다.

나: 네. 저도 그렇게 생각합니다(팀장님 나이스 샷).

나는 평가 점수 결과대로 리포트 했다. 하지만 결과는… 그렇다. 인턴 1이 뽑혔다. 너무 미안해서 인턴 2의 얼굴을 볼 수가 없었다. 처음으로 현실의 제대로 된 민낯을 본 날이었다. 인턴 1은 뽑혔지만 결국 입사하지는 않았다. 다른 회사에 입사한다고 우리 회사의 제안을 거절했고, 우리는 인턴 프로그램을 통해 결국 아무도 뽑지 못했다.

누구를 위하여 성과를 올리나

"유교 사회는 나이순의 룰을 대체로 지키려고 노력한다. 이 나이순이라는 유교 사회의 기본 원리는 시장 원리와 충돌한다. 가장 능력이 뛰어난 사람이 팀을 리드해야 하건만 가장 나이 많은 사람이 리드하는 구조이기 때문이다. 축구를 예로 들면, 리드해야 하는 자리에 50~60대의 마라도나나 펠레가 주장 자리를 꿰차고 앉아 명령만 내리고 있는 구조인 것이다. 따라서 능력 있고 야망으로 가득 찬, 개인주의를 체득한 젊은이에게 유교 사회는 헬조선일 수밖에 없다. 개인의 능력과 아이디어를 찾아내 보상하려는 자유주의적 시장 기제는 이 유교 사회의 연공 문화를 깨뜨리고자 한다."

- 이철승, 『불평등의 세대』

미안해할 일은 안 하면 되는 건데… 미안할 일을 알면서 하고는 미안하다고 말하는 이 상황이 더 짜증 났다. 씁쓸하고 슬펐다. 기분이 더러웠다. 힘이 쭉 빠지고 누가 나를 땅 밑으로 끌어내리는 것 같고 일할 맛이 나지 않았다. 평가를 잘 받는 것만이 일의 목적은 아니겠지만, 성과에 대한 마땅한 보상은 주어질 필요가 있다. 엎친 데 덮친 격, 팀장이 하는 말은 또 한 번 화를 돋웠다.

> **팀장:** 강 대리, 강 대리가 ○○ 프로그램으로 성과를 냈지만 이번에 우리 팀에 □□ 대리가 과장 진급 대상자여서 □□ 대리에게 좋은 평가를 줘야 할 거 같아. 미안해.

그럼 내가 진급 대상자가 됐을 때도 성과를 많이 내지 못했더라도 나에게 좋은 평가가 주어지는 건가? 그건 또 아닐 것이다. 한 치 앞을 모르는 인생을 어찌 장담할 수 있을까? 심지어 저 발언을 하는 분이 가까운 미래, 내년에 나랑 같이 일을 하고 있을지 아닐지, 그걸 누가 알까?

그런 상황에서 일할 마음이 안 나는 것은 당연했다. 회사 생활의 전부가 평가는 아니지만 나는 회사에 고용된 인재로서 내 노력에 대한 응당한 평가와 보상을 받고 싶었다.

성과 평가 기준

> *"권력 내부의 코어 그룹은 모든 전리품을 공유할 수 있는 것이 아니기에 가장 충성도가 높고 배신의 가능성이 낮은, 계보 위주의 자기 세력으로 권력을 재생산하고 싶어 한다."*
>
> *– 이철승, 『불평등의 세대』*

매년 12월 성과 평가 기간이 되면 모두가 예민해진다. 평가가 인생의 전부는 아니지만 한 해 동안 일한 결과와 그에 연결되는 보상이 걸려 있기에 평소보다 열심히 일하는 척 연기를 시전하기도 하고 어떤 영악

한 이는 인사권을 가진 팀장에게 입안의 혀처럼 굴면서 온갖 비위를 맞추며 돋보이려 노력한다.

말하지는 않지만 알고 있다. 누가 A를 차지하게 될지… ○○ 대리, □□ 대리는 팀장이 울적할 때마다 같이 술을 마셔주고 당구도 친다. 일주일에도 몇 번씩 그들은 저녁 시간에 우애를 다진다. 연초에 목표를 세팅하고, 한 해 동안 그 목표를 위해 열심히 일한 후 연말에 그 성과를 확인하는 것이 업무 프로세스상 가장 이상적인 모습이지만, 슬프게도 현실은 그렇게 돌아가지 않는다.

심지어 어떤 해에는 옆 팀의 팀원 1, 2를 그 팀의 팀장이 B로 평가했음에도 팀장의 상사인 실장이 A로 고치려 하는 바람에 갈등이 있었다. 팀원 1, 2는 실장과 우애를 다지는 사이였고, 그 이유로 실장이 그들의 평가를 후하게 주려고 하자 팀장이 반란(?)을 일으킨 것이다. 결국 이 일은 HR 쪽에도 접수되어 실장은 3개월간 감봉을 당했다.

✦ 언제나 이류

내재화

"조직 구성원이 성과를 내게 만들 책임은 관리자에게 있다."
– 피터 드러커, 『피터 드러커의 경영을 읽다』

다시 A사가 인수한 B사 솔루션의 문제로 돌아와 보자. 앞서 말한 대로 우리 회사는 B사의 솔루션을 우리 회사상품의 한 모듈로 만들기를 원했다. 그 솔루션을 '내재화'하길 원한 것이다.

내가 제일 싫어하는 단어 중 하나가 '내재화', Internalization이다. 회사는 내재화라는 단어를 무척 좋아한다. 사전에서 찾아보면 내재화는 '어떤 사상이나 가치관을 자기의 것으로 의식화하는 것'이라고 되어있다. 사상이나 가치관을 자기의 것으로 하려면 어떻게 해야 할까? 그것을 열심히 공부하고 어떻게 나의 것으로 만들지에 대한 깊은 고민과 노력이 필요할 것이다. 부끄럽게도 내가 한때 몸담았던 회사의 방법은 아래와 같다.

그 솔루션에 관심 있던 고객사는 우리 회사의 자회사인 컨설팅 회사와 PoC(Proof of Concept, 개념 증명은 기존 시장에 없었던 신기술을 도입하기 전에 이를 검증하기 위해 사용하는 것으로, 특정 방식이나 아이디어를 실현하여 타당성을 증명하는 것이다)를 진행했다. 사실 우리 회사는 그 PoC를 내심 하고 싶었지만 IT 서비스 회사였고 그 솔루션에 대해 잘 알거나 프로젝트를 진행할 수 있는 수준은 아니었기에 제외되었다. 하지만 내가 있던 팀의 리더들은 어떻게든 프로젝트에 참여해 내재화를 하고 싶어 했다. 더 정확하게 말하자면 CEO가 관심 있어 하는 이 솔루션을 '내재화'해서 광을 팔아 승진하고 출세하고 싶어 했다. 그리하여 팀 임원이 생각해낸 것이 나를 그 컨설팅 회사로 보내서 PoC에 참여시키는 것이었다(다시 한번 나는 전생에 나라를 팔아먹은 정도의 크나큰 죄를 지은 것이 틀림없다). 하지만 그 자회사는 내가 합류하는 것을 탐탁지 않아 했다. 예전에도 이런 식으로 우리 회사가 프로젝트에 끼어들어 업무의 공을 가로챈 이력이 몇 번 있었기 때문이다.

나의 PoC 참여를 위해 자회사의 상무님과 이사님, 우리 팀 팀장, 우리 팀 부장, 나 이렇게 5명이 회의를 했다. 회의 수준이 너무 높아서 차마 공유하기도 부끄럽다. 최근에 본 대선 토론 같다.

> **팀장**: 강 프로님이 마케팅 분석 쪽으로 경험이 많으시니까 가서 PoC 하는 데 많은 도움이 될 것 같습니다.
>
> **자회사 이사**: 강 프로님이 연차도 적지 않으신데 오시면 허드렛일만 하게 될 것 같아서 솔직히 부담스럽습니다. 그리고 이런 식으로 PoC 같이 하시다가 저희 일 가져가신 적도 있고 해서요….

나를 회의실 중앙에 앉혀놓고 같은 이야기를 무려 2시간가량 계속했다. 당사자를 면전에 두고 이런 얘기를 하다니 동방예의지국에서 참 예의가 없다.

결론은 자회사가 모회사를 못 당하므로 나는 억지로 PoC에 합류하여 상사들의 소원인 '내재화'에 힘쓰기로 되었다. 그리하여 마침 옆 건물에 입주해 있는 자회사의 사무실에 내 자리를 마련하고 PC 세팅을 했다. 나는 거의 상황에 대해 체념하고 내재화 준비를 했는데, 너무나 다행히도 내가 그 회사의 정식 직원도 아니고 PoC에 참여하기로 등록된 인원도 아니어서 자회사 건물의 PC IP를 할당받을 수 없었다. 이로 인해 내가 자회사에 내재화를 위한 둥지를 틀 수 없다는 비보(?)를 접하며 나의 솔루션 내재화 꿈은 다음을 기약하게 되었다.

하지만 그들은 포기하지 않았다. 우리 회사의 다른 부서에서는 그 솔루션을 적용한 프로젝트를 돈을 주고 진행하였는데, 솔루션을 잘 아는 A사의 인원들을 우리 회사에 입주시켜 2개월간 PoC를 진행하는 방식이었다. 우리 팀 임원은 여기에서 힌트를 얻었다. 이 프로젝트가 진행되는 회의실에 가서 일이 진행되는 것을 '보고' 내재화를 하면 된다는 것이다.

프로젝트를 진행하는 A사 인원들은 내가 왜 그 회의실에 가서 앉아있고 그들의 회의에 참여하는지 모르지만(알아서도 안 되지만), 어찌 됐건 거기에 끼어들어(아무 일도 하지 않으면서) 어깨너머로 배워 대망의 '내. 재. 화'를 하면 된다는 것이다. 이런 생각이 어느 머리에서 나올 수 있는지 너무 기발하고 참신해 박수가 절로 나왔다.

그렇게 나는 도살장에 끌려가는 소처럼 그 프로젝트 회의에 들어가 염탐을 하며 내재화하는 막중한 책임을 다해야 했는데, 내가 전생에 죄를 지었지만 신이 나를 완전히 버리지는 않은 것 같다. 마침 코로나를 맞이한 때라 회의실에 5인 이상 인원이 들어갈 수 없었고, 그 프로젝트의 핵심 멤버가 아닌 나는 회의실 수용 인원 최대 5명이라는 룰에 걸려 다행히도(?) 참여에서 제외될 수밖에 없었다. 코로나가 나를 도왔다. 아주 좋은 핑곗거리가 생겼다. 하지만 선배와 팀장의 충고를 나는 이해할 수가 없었다. 좀 더 적극적(?)으로 내재화 노력을 해보라는 것이다. 회의에 들어가서 아무 역할 없이 보는 것만으로 내재화가 된다면, 세상에 어려운 일은 없을 것이다.

솔루션의 내재화, 나는 결국 미션을 달성할 수 없었다. 이러고는 만약 고객사가 이 솔루션에 관심을 가지면 우리 팀장은 강지은이 그 솔루션 전문가이고, 프로젝트를 했다며 나를 치켜세우는 수법으로 관련 프로젝트에 투입시켰을 것이다. 전형적인 팀장의 수법이고 많은 사람이 당해와서 잘 학습되었다. 내재화가 이런 식으로 이루어지지 않을 올바른 세상을 꿈꾸며….

월급은 나오잖아

"자원봉사자들에게 왜 그 일을 하는지 물었을 때 많은 사람들이 똑같이 대답했다. 자신이 하는 일에서는 도전이나 성과, 책임이 충분치 않고, 미션은 없고 이익추구만 있기 때문이라는 것이다."

- 피터 드러커, 『피터드러커의 경영을 읽다』

그렇다. 실적을 많이 못 내더라도 월급은 정해진 날짜에 입금된다. 하지만 그게 포인트가 아니지 않나.

나는 데이터 분석을 통해서 마케팅을 진행하는 사람이다. 그 당시 제휴파트너와 함께 데이터를 기반으로 마케팅을 진행하기 위해 고군분투 중이었다. 데이터 분석을 끝내고 마케팅 프로그램까지 확정한 상태였는데 제휴하는 업체가 변심해서 제휴마케팅 진행을 재고하려는 분위기를 풍기며 내 애를 태우고 있었다. 이미 마케팅 진행을 위한 비용도 쓰고 있는 상태인데 이대로 진행을 못 하게 된다면 지금까지의 노력이 모두 물거품 되는 상황이었다. 나는 담당자로서 끙끙 앓고 있었다. 몇 개월간 준비해온 일을 못 하게 된다면… 생각하기도 싫은 상황이었다.

나: 팀장님 이러이러한 상황입니다. 걱정이에요. 마케팅 꼭 진행해야 할 텐데요. 제휴회사를 설득할 시간은 아직 좀 남아있지만 정말 걱정이네요.

팀장: 뭘 걱정이야? 월급은 나오잖아.

이게 같이 일하는 팀장이 할 소리인가. 월급을 받아 한 달 한 달 연명하는 미생이지만, 그렇다고 밥그릇에 굴복할 것이 아니라 일말의 프로퍼셔널한 대화를 할 수는 없는 걸까? 내 기대가 너무 큰 것이 아니길 바라며….

카멜레온

> *"올바른 의사결정을 내리는 일은 조직을 관리하는 궁극적인 수단이다. 그런 결정은 경영진이 얼마나 능력이 있는지, 어떤 가치를 가지는지, 경영진이 자기 일을 얼마나 심각하게 받아들이는지를 보여준다."*
>
> – 피터 드러커, 『피터드러커의 경영을 읽다』

묘하게 불쾌감이 드는 의문의 패배를 당했다. 그 당시 내가 있던 팀은 Customer Data Driven 팀이었다. 디지털 혁신에 대한 바람이 거세게 부는 터라 우리 팀도 디지털 전문 인력을 찾고 있었다. 나는 한 지원자의 인터뷰에 면접관으로 참가하게 되었다.

일단 이력서가 참 독특하다고 생각했다. 학부 전공은 기억이 나지 않는다. 외국계 회사에서 5년 이상 일하다가 국내 MBA를 재무 쪽으로 해서 관련 스타트업에서 몇 년 근무하다가 지금은 컨설팅 회사에 몸담은 지 1년이 덜 되었다고 쓰여있었다. 회사를 많이 옮기기도 했지만 뭔가 일관된 업무를 한 것으로 보이지도 않았다. 한 회사에 일한 지 1년도 안 된 사람이 새 회사를 찾는다는 것은 회사나 지원자에게 또는 그 둘 사이에 뭔가 문제가 있다는 얘기다.

우리는 디지털 전문 인력을 찾고 있었으므로, 디지털 전문성에 대한 질문이 이어졌다. 그런데 지원자의 대답이 영 두루뭉술하다. 뭔가를 계속 이야기하는데 그래서 정확히 디지털 전문성을 주장할 수 있는 어떤 일을 했다는 것인지 감이 오지 않는다. 그래서 내가 물었다.

> 나: 본인의 전문성을 한 단어로 요약한다면 어떤 단어일까요?
>
> 지원자: 카멜레온입니다. 어떤 일을 하든 그 일에 맞춰 할 수 있기 때문입니다.

의아하다. 패기 있는 신입사원을 뽑는 자리가 아니고 디지털 전문 인력을 찾는 자리인데, 응? 카멜레온? 심지어 이분은 40대 초반의 지원자였다. 몰라서, 어려서 이런 답을 할 상황은 아닌 듯했다. 다른 면접관이 이력서에 포함되어있는 한 프로젝트에 대해 구체적인 질문을 했다. 왜냐하면 그 프로젝트가 우리의 가장 큰 고객사와 한 일이었기 때문이었다. 하지만 그 대답도 시원찮다. 그 프로젝트에서 본인이 정확히 어떤 업무를 수행했고, 그 결과는 어땠는지가 아닌 전반적인 얘기를 다시 두루뭉술하게 한다. 다른 분이 질문을 계속했다.

> 면접관: 현재 재직 중인 회사에 근무한 지 얼마 안 되신 거 같은데 이 포지션에 지원한 이유는 뭔가요?
>
> 지원자: 첫째는, 저는 디지털 쪽 일을 하고 싶은데 현재 회사에서는 그런 기회가 없고, 둘째는 컨설팅 회사라 워크앤라이프 밸런스를 추구하기 어려워서입니다.

우리는 디지털 전문가를 뽑는데, 뭔가 지금까지 디지털스러운 일을 전문적으로 해왔다고 보이지도 않고, 지금도 하고 있진 않은 것 같다. 그리고 지원자의 대답을 한마디로 해석해보자면 좀 여유롭게 일하고 싶다는 건데, 이게 면접에서 할 만한 얘기인가? 나는 혼란스러운 가운데 질문을 이어갔다.

> **나:** 지금까지 외국계 회사만 다니신 거 같은데 대기업 조직 문화에 대해서 어떻게 생각하세요?
>
> **팀장:** (나를 쳐다보며) 외국계 기업이랑 대기업이랑 문화가 다른가요?
>
> **지원자:** (조금 당황하며) 예전에는 대기업 문화가 군대문화, 수직적인 문화였는데, 지금은 많이 좋아진 것으로 알고 있습니다.

자, 여기서 막간의 퀴즈타임이다. 이 지원자는 합격 아니면 불합격? 친구에게 여기까지 얘기를 했을 때 반응은 "당연히 불합격이지…"였다. 지원자가 회의실을 나간 후 상무님은 운을 떼었다.

> **상무:** 저 친구 어때? 나는 맘에 들어서 뽑았으면 하는데.

하하하, 그렇지. 현실은 이렇게 나의 뒤통수를 치면서 자신의 존재를 확인시킨다. 도. 대. 체. 어떻게 저 지원자가 맘에 들 수 있는 걸까? 상무님은 저 친구가 말을 잘해서 뽑으면 고객을 상대하기 좋을 거 같단다. 한마디로 내용은 모르겠고 고객사에 번지르르 말 잘하는 사람으로 활용하기에 적합한 사람 같다는 것이다. 젠장. 나도 저렇게 뽑은 건가? 기분이 매우 불쾌해진다.

그러면서 솔직한 의견을 얘기해보라고 하신다. 어떤 말을 하길 바라는지…. 역시 다른 분들은 그 지원자를 좋게 얘기했다. 내가 제일 싫어하는 '좋은 게 좋은 거지'의 모드로. 하지만 나 역시 원래 하던 대로 보통의 예스맨, 예스우먼들은 절대 하지 않을 나의 고귀한 의견을 얘기했다.

　나는 의사결정권자가 아니고, 나 따위의 일개 소신 있는 팀원의 의견은 절대 중요하지 않으므로 내가 무슨 얘길 하든 상무의 맘에 들어서 그 사람은 이번 면접을 통과할 거라 생각했고, 역시 통과했다. 그다음은 전무와의 면접이었다. 전무는 상무와는 다른 결의 사람이므로 이 지원자가 쉽게 통과하지는 못할 거라고 예상했다. 만약 통과한다면 이 지원자는 뭔가 찬스를 쓰고 있는 사람인 것이 틀림없다고 생각했다. 이후 전해 들기로는 그 지원자가 우리 면접은 통과했지만 여러 가지 지원 자격 미달의 이유로 다음 면접은 볼 수 없었다고 한다.

✦ 정치 200% 사회

깻잎 사건

> "오랫동안 보아왔듯 조직원들은 다른 사람이 어떤 보상을 받는지를 보고 행동한다. 성과를 내지 못하거나 아첨하는 사람 혹은 단순히 약삭빠른 사람에게 보상이 돌아갈 때, 조직은 곧 성과부재, 아첨, 약삭빠름의 덫에 빠지게 된다."
>
> — 피터 드러커, 『피터드러커의 경영을 읽다』

　내가 직장 생활을 한 지 정말 얼마 되지 않았을 때의 일이니 15년 정도 된 일이다. 지금은 회식을 예전처럼 많이 하는 분위기는 아니지만, 그

때는 회식을 정말 많이 했다. 월요일은 일하다가 저녁 먹으러 가자고 우르르 나가 회식이 되고, 화요일은 업무 회의 후 회의 멤버끼리 저녁을 먹으면서 회식이 되고, 수요일은 상무님과의 석식 대화라 또 회식이고, 목요일은 정해진 회식 날이라 회식이고, 금요일은 일하다가 약속 없는 사람끼리 또 저녁 먹고 들어가자며 회식하고…. 결국 월, 화, 수, 목, 금 매일 회식으로 일주일을 채우기도 했다.

그날 회식 장소는 고깃집이었다. 긴 테이블에 각자 마주 보고 앉아, 제조상궁으로부터 정성 들여 제조된 황금 비율의 폭탄주를 한 잔씩 결연히 마주했다. 나는 소주를 못 마시지만 그렇다고 혼자 맥주만 마시거나 유별난 티를 낼 수 없어서 일단 폭탄주를 마주했다. 그리고 약속한 구호에 맞추어 건배를 외치고 난 뒤 폭탄주를 원샷 해야 했다. 모든 건 짜인 각본 같았다. 재수가 없으면 건배사를 제의하는 업무에 당첨되기도 한다.

내가 회식에서 가장 싫어하는 장면 중 하나다. 제조상궁은 우리가 원샷을 하자마자 일사불란하게 잔을 걷어서 다음 잔 제조에 돌입했다. 이때 어느 잔이 누구의 잔인지 알 수 없게 된다. 나는 그 찝찝한 다음 잔을 받아서 마시는 척하며 입으로 폭탄주를 밀어 넣고는 삼키지 않다가 다른 사람들이 원샷을 마무리하는 시점에 미리 옆에 준비해놓은 불투명한 빈 잔에 알코올을 내뱉었다. 이 잔을 물잔인 줄 알고 옆에 앉은 선배가 마시고는 뭐냐고 큰소리를 낸 적이 있었기에 이 잔을 아무도 건드리지 못하게 소중히 사수하는 일은 매우 중요했다.

폭탄주를 몇 잔 마시고 분위기가 어느 정도 무르익으면 자발적인 회식 진행자가 나타난다. 음주 가무를 즐기는 캐릭터들이다. 진행자가 코너를 준비했다. 냉면 사발을 식당 측에 요청하고 소주 한 병을 들이부었다. 그리곤 강물에 나룻배를 띄우듯 깻잎 한 장을 띄웠다.

> **진행자:** 상무님 저희 돌아가면서 상무님을 좋아하는 만큼 이 사발을 마시
> 겠습니다.
>
> **나:** (어라? 나는 동의한 적이 없는데?)

사람들이 하나둘 마시기 시작하고 상무님께 사랑을 표현하느라, 아
니 사랑하지 않음을 들키지 않으려 어느 정도 마시고 다음 사람에게 사
발이 넘겨졌다. 내 차례가 다가왔다. 사발을 마신 후 안주까지 먹어야 하
는 프로그램이라 내 불투명한 잔은 제 역할을 하지 못했다. 대신 나는
소신대로 조금만 마시기로 했다. 아니 입술을 마중 오는 알코올이 닿기
무섭게 사발을 내려놓았다. 진행자는 이 기회를 놓치지 않았다.

> **진행자:** 상무님, 강지은 요만큼만 마셨어요~

어느덧 술자리는 끝나가고 2차 프로그램이 준비되었다. 우리에게 친
근한 노래방. 진행자는 내가 원하지 않는 프로그램을 나의 동의 없이 진
행까지 해놓고, 심지어 2차 프로그램에 원하지 않는 사람들을 노래방에
밀어 넣어 억지로 노래하며 공연하게 만들어놓고 정작 자신은 유유히
사라졌다. 어느 정도 반복되는 레퍼토리에 익숙해진 나는, 어느 순간부
터 노래방 입실 전 내 가방을 카운터에 맡겨놓고 세 번째 곡이 울려 퍼
질 때쯤 화장실 가는 척하면서 나와 카운터에 맡겨둔 가방을 들고 집으
로 걸음을 재촉했다.

하극상

조직 생활이 연공서열에 의해 촘촘히 짜여있지만 이런 사건을 접하면 참 의아한 마음이 많이 생긴다.

그때 우리 회사는 1년에 한 번씩 그룹 내 C-Level끼리 교류회를 진행했다. 사실 이 교류회를 생각하는 직원들의 마음은 1년에 두 번씩 돌아오는 명절 제사 음식 준비를 생각하는 며느리의 심정이었다. 이 교류회는 준비부터 끝날 때까지 요구사항이 너무 많고 까다로운 데다 높은 분들의 눈높이를 맞춰야 하기에 에너지를 보통 필요로 하는 게 아니었다. 심지어 교류회를 하기 직전에 방향이 바뀌기도 해서 끝날 때까지 긴장을 풀 수 없었다.

이 까다로운 여정의 중간쯤에 당시 전무셨던 담당님에게 중간 리뷰를 받는 시간이 있었다. 그 전무님은 악명이 높은 전무님이었다. 나, 팀장, 상무 이렇게 세 사람이 지금까지 논의해서 준비한 장표를 들고 전무님 방으로 향했다. 전무님은 우리의 보고를 듣더니 나보고 A4 용지 열장을 가지고 오라고 하셨다. 그러고는 그 A4 용지에 한 장 한 장 우리가 다시 만들어야 할 장표의 내용과 구성을 친히 적어주셨다. 우리는 회의실에서 나와서 늘 그렇듯 후속 회의를 진행했다.

상무: (팀장을 쳐다보며) 무슨 말 하는지 알겠니? 난 모르겠는데…. 저렇게 안 할 거야.

나: (응? 내가 또 뭘 들은 거지?)

상무, 팀장은 한 편이었다. 그 악명 높은 전무가 싫고, 전무의 말을 듣기도 싫고…. 나는 그 악명 높은 전무를 직접 경험해본 적은 없었다. 사람들을 못살게 굴기로 유명했고 상무, 팀장도 지금까지 많이 혼났다고 말만 들어봤다. 내가 직접 경험한 것은 아니었다. 하지만 그렇다 하더라도 이 회의에서 리더가 알려준 장표 방향을 무시한다는 것은 이해가 되지 않았다. 상무, 팀장도 자기들의 말을 듣지 않는 사람은 지독히도 괴롭히는 이들이기에 더욱 이해되지 않았던 거 같다. 이 사건을 계기로 어느 한 편으론 그 악명 높은 전무를 이해하게 되었다. 리더의 지시에도 이렇게 반응한다면 나라도 좋게, 부드럽게 대하기는 힘들 것 같다는 생각이 들었다.

그 후속 회의 후 상무와 팀장의 의도대로 우리는 장표를 수정하지 않았고 전무의 요청은 무시되었다. 그래도 아무 일도 일어나지 않았다는 것이 더 신기했다.

울면 돼

"득표를 하려는 선동가들은 합리적인 정책을 제시하는 것이 아니라 민족적 인종적 정체성에 호소하는 것이 대중의 지지를 이끌어 내는 가장 좋은 방법이라는 것을 잘 알고 있다."

– 에이미 추아, 『정치적 부족주의』

우리 팀에 프로모션 담당자가 있었다. 프로모션 관련해서 반복되는 운영성 업무가 많이 포함되어있어서 그분이 바빴던 것은 인정한다. 하지만 다른 직원들도 바쁜 건 마찬가지인데, 그런 와중에 그분이 여러 가지 집안일로 오전 출근 시간 이후 출근하여 다른 팀원들이 그분의 일을 처리하느라 곤란한 일이 반복되었고 약간의 불만이 쌓여있었다.

그분은 나와 같은 파트였고, 나의 바로 앞자리에 계셨다. 그날은 그분이 팀장과 업무에 대해서 뭔가 대화를 나누고 있었다. 요지는 일이 너무 많고 힘들다는 내용이었다. 그러더니 갑자기 그분이 울음을 터트렸다. 사무실 사람들의 시선이 온통 그분에게 쏠렸다. 팀장은 본인이 그분을 울린 것 같아 무안한 표정을 지으며 황급히 본인의 자리로 컴백했다.

그리고 며칠 뒤에 그분은 그분을 보조하는 알바생 한 명을 획득하였다. 너무 의아하다. 그분의 일이 혼자 하기에 버거운 일이라면 정당한 프로세스를 통해 업무 분담이 다시 되든지 했어야 하는 문제다. 업무가 많다고 울면 알바생을 획득할 수 있는 것인가? 업무 장소에서 일이 많다고 우는 것이 프로페셔널하다고 생각되지는 않는데, 일이 많다고 울면 본인을 보조할 알바생이 주어지는구나…. 안 우는 사람이 바보다.

우는 사람도 이해하기 힘들고, 운다고 알바생을 구해주는 회사는 더더욱 이해하기가 힘들었다.

PART. 1

NIW 미국 영주권 준비

"변화를 위해 당당히 일어서는 것 외에 또 무슨 일을 할 수 있겠는가?"

- 콜슨 화이트헤드, 『니클의 소년들』

직장 생활 15년 차. 업무 전문성도 나름 쌓여서 가끔 특강도 다니고 내로라하는 대기업 근무에 다른 친구들에 비해 연봉이 적은 편도 아니다. 돈 때문에는 스트레스받지 않는 상황이며, 친구도 많고 주말이면 즐길 거리도 주위에 가득하다. 하지만 하루 24시간 중 최소 9시간은 머물러 있어야 하는 회사에서의 생활에는 무척 불행하다고 느낀다. 까라면 까라는 군대식 문화는 여전하고, 그런 문화에 대해 대부분 직장 동료도 순응하며 그것 이외에는 답이 없다며 무기력하게 하루하루를 보낸다. 열심히 일해서 성과에 대한 보상을 받는 것보다는 정치가 게임 체인저인 이 환경은 매일 나의 목을 조인다. 답답하다. 숨을 쉴 수가 없다. 거기에다 미세먼지마저 극성이다. 나는 무엇을 해야 하나….

나는 무엇을 위해 살아가는가, 앞으로 어떻게 살아야 나를 이 불행의 구덩이에서 건질 수 있을까 고민했다. 나의 행복은 무엇보다 중요한 나의 당면 과제다. 그런데 나는 지금 회사 생활에서 불행을 느낀다. 먼저 더 나에게 맞는 회사로 이직하는 방법을 고민했다. 하지만 나는 거의 그랜드 슬램(삼성, LG, 현대)을 달성한 한국 대기업 직장인이다. 더 이상 갈만한 회사가 생각나지 않는다. 업계 사람들의 얘기를 들어봐도 그렇다. 이런 전형적인 회사 문화를 내가 바꿀 수는 없다. 내가 창업을 해서 혁신적으로 운영한다면 가능하겠다. 하지만 당분간 내 계획에 창업은 없다. 전문적 경험이 좀 더 많이 쌓이면 프리랜서로 뛰거나 CRM 전문 회사를 조그맣게 시작할 생각은 있다. 하지만 지금은 아니다. 가장 절망적인 부분은 동료들이 이런 회사 문화를 개선할 의지가 없다는 것이다. 그들에게 세상은 원래 그런 것이고, 회사는 원래 그런 것이고, 좋은 게 좋은 것이고, 조용히 있는 게 좋은 것이다. 그들에겐 책임져야 할 가족이 있고, 이미 삶은 힘들고 이번 생은 망했다. 만사가 귀찮다.

하지만 나는 나 자신이 너무 소중하므로 너무나도 사랑하는 나를 이렇게 방치할 수 없다. 그건 나 자신을 학대하는 행위다. 귀찮다고 자식에게 밥을 주지 않는 부모와 같은 거다. 그렇게 인생의 두 번째 전환점이 되는 큰 결심을 한다. 첫 번째 전환점은 고향인 대구를 떠나 서울에 정착한 것이었고, 이제 두 번째 전환점은 한국이 아닌 나에게 더 잘 맞는 나라를 찾아 정착하여 나 자신을 지금보다 더 행복하게 만드는 것이다. 사실 더 넓은 세상으로 나가고 싶은 나의 열망은 20대부터 있었다. 막연한 동경과 꿈으로. 하지만 그때는 뭔가 준비되지 않은 불확실한 느낌이 들었다. 정보가 많지 않았고, 외국에 나가서 일하는 사람들은 어떤 스토리를 가지고 있는지에 관해 적극적으로 알아보지도 않았다. 20대의 나는 아직 미완성인 인격의 주체였기 때문에 더 큰 세상으로 나간다는 주제는 단기가 아닌 장기 목표가 될 수밖에 없었다. 나는 40대이고 나름 안정적인 생활을 영위하고 있었다. 하지만 더 나은 나의 삶을 위해 노력하고 싶었고 지금이 진정 그 타이밍이라 생각이 들었다.

✦ IELTS? CELPIP? NIW?

그때 나는 목표만 설정한 채 갈피를 잡지 못하고 있었다. 대학 졸업 후 미국으로 유학을 떠났던 친구 몇 명은 이미 미국에서 직업을 구하고 자리를 잡은 상황이라 나에게 직접적인 조언을 하기는 힘든 상황이었다. 뭔가 여기가 아닌 더 나은 어딘가를 찾아가야 하는데 어떤 방법으로 찾아야 할지 모르겠는 상황이었고, 회사도 다니고 있어 회사 사람들은 모르게 일을 추진하려니 조심스럽기도 했다. 꼭 미국일 필요는 없었다. 캐나다에 오래전에 이민 간 절친이 있어서 그 친구에게도 물어봤다. Express Entry라는 방법으로 이민 신청을 할 수 있고, 나에게 가장 적합하다 했다. 이민 신청을 하려면 IELTS 또는 CELPIP라는 캐나다 영어시험 점수가 있어야 한다. CELPIP이 점수를 따기 유리하고 좀 더 쉽다는데, 그 당시 한국에서는 CELPIP 시험을 볼 수 있는 곳이 없었다. 이 정보만을 가지고 IELTS 시험으로 돌격하기엔 뭔가 동기가 부족해 보였다. 미국에서 일하기 좋다는 이름 있는 기업들의 홈페이지를 방문해봤다. 나같이 기웃거리는 사람이 많은지 반드시 미국 취업 비자가 있는 사람만 지원 가능하다고 쓰어있었다.

앞으로 나아가야 하는데 맴돌고 있었다. 그러던 중 우연히 나의 해외 진출에 추진력을 불러오는 사건이 일어나게 된다. 그때 회사에는 회의실보다 좀 더 편한 휴게 공간이 층마다 있었다. 그곳에서 한강을 바라보며 친한 동료들이랑 쉬기도 하고 회의를 하기도 하며, 점심이나 간식을 먹기도 했다. 하루는 친한 선배가 잠시 거기서 맛난 간식을 나눠 먹자며 오라고 했다. 거기엔 나와 친한 선배와 그 선배와 친한 다른 두 분이 계셨다. 나와 친한 분들은 아니지만 다 같은 팀원들이라 가볍게 인사를 하고 간식을 먹으며 이런저런 애기를 나누었다. 애기를 하다 보니 그중 한 분이 곧 퇴사하신다고 했다.

나: 어디 좋은 데라도 가시나요?

선배: 더 좋은 데 가시잖아요. 미국 이민.

나: (응? 미국 이민? 그거 내가 관심 있는 주제인데?)

나는 관심 있는 게 티 나지 않을 정도에서 이것저것을 물어봤다. NIW라는 방법으로 미국 영주권을 받아서 일단 미국에 가서 정착하고 직업을 알아볼 거라 하셨다. 그 자세한 과정이 너무 궁금했다. 그래서 그 부장님에게 메시지를 보내 따로 만났다. 대화 결과 내가 획득한 정보는 아래와 같았다.

부장님의 이민 준비 – NIW

배경
- 한국에서 학부 졸업 후 대기업 근무
- 미국 석사/박사 학위 보유
- 더 넓은 세상으로 나아가기 위해 미국 이민 결심하여 미국 영주권 도전

방법
- 한국에서 직장 생활 하면서 미국 변호사를 통한 NIW 신청

기간
- 시작해서 결과를 얻기까지 1~2년

NIW? 처음 들어봤다. 그래서 조사를 해봤다. NIW, National Interest Waiver. 고학력자 이민으로 미국 국익에 도움이 될 만한 전문가가 그 역량을 어필해서 미국 영주권을 신청하는 제도다. 이 제도는 미국 취업과는 별개로 개인의 역량을 통한 영주권 획득의 옵션으로, 특정 분야의 학위, 업무 경력 등이 기본 자격 조건에 해당되었다. 미국 영주권은 특별한 사람만 받고 미국에서만 시도할 수 있다고 막연히 생각했는데, 한국에서도 이렇게 진행하고 승인을 받기도 한다니 뭔가 막연한 계획에 한 가닥 희망이 보이는 거 같았다.

✦ NIW 탐색

NIW 진행 타임라인

업체 계약(2018.5.12.)
영주권 서류 접수(2018.10.1.)
RFE 요청 통지(2019.6.10.)
RFE 접수(2019.9.3.)
승인 거절(2019.11.5.)

나의 최대 장점은 빠른 실행력이다. 한 번 결심하면 돌진한다. 뒤돌아보지 않는다. 나는 NIW를 시도해보기로 했다. 빠른 실행에 앞서 나는 최대한 많은 정보를 모아서 최적의 선택을 하려고 노력한다. 왜냐하면, 가장 합리적이고 논리적인 선택의 방향을 도출해내야 나 스스로도 그 선택에 수긍이 가고 어떤 의심이나 거리낌 없이 달려갈 수 있으며 나중에 후회도 없기 때문이다. 물론 결과가 좋지 않았을 때 내가 입을 타격과 백업 계획에 대해서도 구상한다.

NIW를 시도해서 나쁠 건 없었다. 회사를 그만두고 진행해야 하는 것도 아니고, 영주권 시도가 실패한다고 하더라도 인터뷰 단계에서 비자가 거절되는 것이 아니라면 다시 도전할 수도 있기 때문이다. 내가 하는 생활을 영위하면서 진행할 수 있다는 매력에 일단 이 길로 직진하기로 했다.

일단 어떻게 진행할지 몰라 인터넷 서칭을 좀 해보았다. 미국에 정착하고 싶어 하는 사람들이 많이 모여있는 온라인 카페에 가서 관련 글을 읽어보았다. 아직 영주권 준비에 개념이 잡히지 않아 무슨 말을 하는지 정확히 머리에 그림이 그려지진 않았다. 우선 얼마 전 퇴사하신 미국 이민 선배님에게 이메일로 연락했다. 그분은 이미 미국으로 건너가 직업을 알아보는 중이라고 하셨다. 나의 결심을 알리고 어떻게 진행해야 하는지 물었다. 그분이 NIW 준비를 도와줄 변호사를 소개해주셨다. 우선 그 변호사에게 이메일을 보내면 NIW로 이민이 가능할지 'NIW 자격 판정'을 진행하고 자격이 된다면 다음 단계를 안내해줄 거라고 하셨다.

그분이 변호사를 가장 먼저 소개해준 이유가 있었다. NIW를 해보니, 결국 업체 또는 변호사 선정이 가장 중요한 사항이었다. 꼭 업체나 변호사의 도움을 받아 진행해야 하는 것은 아니며, 드물지만 본인이 직접 준비해서 지원하는 경우도 있다. 하지만 아무래도 이 분야에 전문적인 경험이나 지식을 갖춘 것이 아니니 공부하면서 준비하기는 여러모로 벅찰 수 있고 시간도 오래 걸릴 것이다. 이 영주권 승인은 점수 몇 점 이상 승인 이런 식의 정량적 기준으로 진행되는 게 아니다. 본인의 전문 분야에서 전문가라고 타인에게 인정될 만한 경력을 가지면 된다. 그것을 증명하는 것이 변호사의 능력이다. 영주권을 신청하는 사람의 경력은 사실 정해져 있다. 영주권 신청자의 청원서를 읽는 영사관에게 얼마나 그 경력을 잘 스토리텔링하고 포장하여 증명하고 설득한 후 영주권 승인을 이끌어내느냐가 핵심포인트다.

타인에게 인정될 만한 경력이라는 것도 석사 학위, 관련 업무 경력 10년 이상이라는 잠정의 기준을 뜻하기도 하지만, 그것은 경험에 의한 대략적인 기준일 뿐 절대적인 기준은 아니다. 그래서 학사 학위만 가지고도 영주권을 승인받은 경우도 있다고 한다. NIW는 원래 공대, 의대 분야 같은 기술적인 분야에 많이 치중되었던 것이 사실이다. 그 분야 전문가들은 특허, 인용 수가 많은 논문 등으로 능력을 증명하기가 쉽고 해외에서도 그런 인재를 원하기 때문이다. 하지만 다양한 분야에서 전문성이 요구되고 있고, 해외에서도 이전보다 다양한 분야에서 전문가를 필요로 한다. 이에 기술적인 분야 외에 예술가, 교육, 경영 분야의 전문가들도 해외 진출을 타진하고 영주권 승인을 받는 상황이다.

나의 분야는 CRM(Customer Relationship Management)으로 데이터 분석으로 마케팅을 하는 분야다. 빅데이터 시대의 도래로 데이터 분석에 대한 관심이 폭증하고 있기 때문에 승산이 있다고 봤다. 다만, 이 분야에 관해 아직 잘 모르는 사람도 있을 테니, 이렇게 수요가 폭발하는 분야에서의 전문성을 어떻게 잘 어필할 것인가가 승패를 좌우할 것이라고 생각했다.

나의 배경

학력
- 대기과학과 학사, 마케팅 석사

경력(약 16년)
- 항공사 운항관리사(2년 3개월)
- 전자 제조업 마케팅 분석(4년 4개월)
- 금융업 마케팅 & 분석(3년)
- eCommerce 마케팅 분석(3년)
- IT 서비스업 분석 컨설팅(4년)

주요 재직 그룹
- 삼성
- LG
- 현대
- GS

전문 분야
- 마케팅 분석

기타
- SAS(글로벌 데이터 분석 소프트웨어) 자격증 보유
- 프리토킹 가능하며 토익 910점의 영어 실력
- 해외 어학연수나 체류 경험 없음

변호사와 업체 선정

내가 서칭한 변호사 및 업체는 다음과 같다.

선배가 추천한 승인율 높은 미국 주재 변호사

일단 선배가 알려준 변호사에게 이메일로 문의했다. 그 변호사는 미국에 거주하고 있었다. NIW는 이렇게 미국에 거주하는 변호사가 진행하는 경우가 많다. 이 변호사님에 대해 좀 찾아보니 영주권 진행 승률이 거의 100%인, 이 분야에서 유명한 변호사님이었다.

떨리는 마음으로 내 상황을 설명하고 이력서를 첨부하여 이메일을 보냈다. 몇 시간 만에 답이 왔다. 분야에서 나름 경력을 잘 쌓아서 내 이력이 좋아 보이지만, 경력을 객관적으로 증명하기 어려워서 승인받지 못할 가능성이 크다고 했다. 첫 타진이었는데 좀 실망스럽고 힘이 빠졌다. 이분은 미국 박사 학위 소지자와 공대 출신 지원자 중심으로 진행을 많이 했고, 된다고 확신하는 케이스만 진행하는 것 같았다.

미국 이민 관련 온라인 카페에서 광고 및 설명회를 하는 변호사

이분 역시 미국에 계셨다. 하지만 한국에 종종 방문해서 설명회도 개최하는 분이었다. 이분께도 이메일로 영주권 가능성을 여쭈었다. 역시 몇 시간 만에 답이 왔다. 일단 컨퍼런스 콜을 원하셨다. 시차가 있어서

통화할 시간을 조정한 결과, 토요일 오전 시간이었다. 마침 삼청동에서 후배와 약속이 있어 카페에 있다가 통화를 했다. 학술지 논문이나 특허가 없어 내 전문성을 객관적으로 증명할 만한 신문기사, 수상내역 같은 자료가 있어야 한다고 했고, 결론적으로 나는 그런 자료가 없어서 NIW 준비를 진행해도 승인받기 어려울 거라는 아쉬운 답변을 받았다. 절망적이었다. 나는 무조건 진행해야 하는데 이 방법이 안 되면 어떻게 해야 하나 막막하고 기운이 빠졌다. 일단 몇 명 더 상담을 받아보기로 했다.

접수 비용만 800만 원인 법무법인

영주권 관련 신문기사를 검색하다가 우리 집 근처에 NIW를 진행하는 법무법인이 있다는 것을 알게 되었다. 이메일로 상담 여부를 타진했고, 내 영문 이력서를 제출했다. 다음 날 나의 영주권 자격 판정서가 날아왔다. 많은 기업에서 나 같은 전문가를 필요로 하니 승인 가능성이 있다는 내용이었다.

곧바로 상담 약속을 하고 정해진 시간에 약속 장소로 향했다. 대화의 핵심은 영주권 승인 가능성 여부와 그 근거, 진행 타임라인과 진행 비용이었다. 내가 계약한다면 프로세스가 어떻게 될 것인지도 얘기를 나누었다. 사실 앞에서 2명의 변호사에게 퇴짜를 당한 터라 영주권을 진행하는 시나리오를 논의하는 대화는 처음이었고, 감이 잡히지 않았다. 하지만 비용이 비싸다는 느낌은 강했다. 일단 영주권 청원을 접수하는 데만해도 800만 원 정도를 얘기했다. 이 비용은 승인 여부와 관계없이 지급해야 하는 비용이고 승인된다면 추가적으로 법인에 지급하는 비용이 있다고 했다. 그 접수까지의 비용이 너무 비싸 마음에 들지 않아서인지 그 뒤에 말했던 승인 인센티브 금액은 잘 기억도 나지 않는다. 목표달성과 관계없이 일단 800만 원을 쓴다고 생각하니 거부감이 들었다. 자신들과 진행을 원한다면 회신을 달라고 했고, 나는 생각해보겠다고 하고 그곳에서 나왔다. 뭔가 이 법인이랑 하면 되겠다는 느낌은 들지 않아 다른 곳을 더 모색해보기로 했다.

개인이 운영하는 NIW 전문 로펌

미국 변호사 자격증을 보유하고, 본인의 이름을 내걸고 NIW만 전문으로 하는 변호사 사무실이 강남에 있었다. 관련 인터넷 기사를 검색하다가 이 변호사가 쓴 기사를 발견하고 관심이 생겼다. 특히, 한 번 영주권 승인이 거절된 케이스들을 대응하여 성공 사례를 만든 부분을 중점으로 홍보하고 있었다. 논문이 한 편도 없는 석사, 학사 지원자들의 케이스를 승인으로 이끌어 냈다는 점도 강조했다. 뭔가 실력 있어 보였다. 이메일로 연락하니 변호사와 직접 상담하는 시간을 예약할 수 있었다.

30분간 변호사와 대화를 나누었다. 이력서를 토대로 내 이력을 설명하고 현 상황, 그리고 어떤 점을 무기로 내세워 영주권을 받고 싶은지에 대해 간략하게 설명했다. 변호사님은 일단 내 영주권 승인 가능성을 70%로 본다고 했다. 그리고 내 분야의 저명한 전문가 두 분에게 추천서를 받아서 진행하고 싶다고 했다. 비용 및 기타 구체적인 사항은 이메일로 받았다. 일단 진행 수임이 400만 원 정도고 승인 시 성공 보수가 1,100만 원이었다. 비용을 보니, 이 변호사는 나의 케이스 승인에 자신이 있어 보였다. 사실 자신이 없거나 영주권 진행만으로 돈을 벌려고 했다면 기본 수임료를 높게 불렀을 것이다. 일단 알겠다고 하고 다시 연락을 주기로 했다. 좀 괜찮다는 생각이 들었다. 특히 변호사와 직접 상담을 해보니 경험도 꽤 있어 보였다. 기본 진행 수임료도 비싸지 않았다. 일단 그 업체를 찜해두었다.

미국 대형 로펌과 연계한 업체

인터넷 검색을 하다가 이 업체를 찾아냈다. 온라인 카페에 가서 사람들의 후기도 조회해봤다. 만족했다는 최근 글이 여기저기서 보였다. 업체에 이메일을 보냈다. 하루가 안 되어 답이 왔다.

업체 이메일 답변

석사 학위를 가지고 계시고요(학부와 대학원의 전공이 일치하지 않은 부분은 아쉽지만, 석사 전공 업무를 중점적으로 하셔서 괜찮습니다). 근무하신 업체들이 대부분 글로벌 대기업체로 매출이 거액이라 이 부분에 일정 부분 기여를 했다고 주장할 수 있습니다. 또한 미국의 기업체들이 한국에 진출할 경우 한국에서 마케팅 경험과 인맥을 보유하고 있는 본인과 같은 분들이 절대적으로 필요하다고 주장할 수 있습니다. 그리고 길지는 않아도 강의까지 하셨다는 것은 마케팅을 전공으로 하는 사람들을 가르칠 정도의 능력을 보유하고 있다고 주장할 수 있습니다.

특이한 점은 일단 계약금 200만 원을 받고 서류 준비를 진행한 뒤, 도중에 가능성이 없다고 판단되면 돈을 전액 환급해준다는 점이었다. 또, 만약 승인이 거절되면 250만 원 정도 추가로 내고 다시 영주권을 진행할 수 있는 옵션도 있었다.

일단 사무실을 찾아가서 상담을 진행했다. 변호사는 미국에 있고, 한국에 있는 분은 행정 실장 같은 분이었다. 지금까지 진행한 승인 사례를 프레젠테이션하시고 믿을 만한 업체, 보험에 가입한 업체라는 점을 강조했다. 특히 기술 분야뿐만이 아니라 예술, 경영 분야 쪽에서도 승인받은 사례가 있다는 점을 어필했고, 연계한 대형 미국 로펌에 분야별 변호사가 포진되어있기 때문에 전문성을 살리면서 진행할 수 있다고 했다.

비용은 다른 업체보다 조금 비쌌다. 일단 진행 수임료가 600~700만 원 정도였다. 그리고 영주권 승인 시 1,000만 원 정도를 성공 보수로 추가 지급해야 했다. 적은 돈은 아니지만, 승인만 된다면야 1,000만 원을 지급해도 아깝지 않다고 생각했다.

인터넷에서 검색한 마지막 후보

여러 군데를 알아보고 결정하는 것이 좋을 것 같아서 마지막으로 한 업체에 더 문을 두드려봤다. 이메일로 무료 자격 판정을 해준다니 한번 문의해보자 싶었다. 이 회사도 미국 변호사가 자격 판정을 해준다.

업체 이메일 답변

NIW는 미국 취업이민 2순위에 해당하는 영주권 카테고리로 석사 학위 이상의 고학력과 국익의 부분을 증빙하셔야 합니다 …

이렇게 시작하는 이메일에는 국익 증명에 관해서 항목별로 내 상황이 어떤지를 설명해놓았다. 나는 마케팅 분야에서 국내 석사를 가지고 있으니 일단 학위 부분에서는 신청 자격이 되었다. 문제는 국익 부분인데, 나의 전문 영역 CRM이 미국 국익에 부합한다는 것을 객관적인 자료로 증명해야 한다고 했다. 내가 한 일들이 널리 활용되고 산업 전반에 영향을 끼친다는 것을 증명해야 하는 것이었다. 지금 봐도 참 거창한 말이다. 나는 대기업을 다니며 내 업무에 관련된 경력을 충실하게 쌓고 사내 및 사외에서 강의도 해왔다. 다만 내 분야에서 Guru(전문가, 권위자)로 이름을 널리 알린 것은 아니었다. 약간 숨이 막혔다. 공대가 아닌 이상 이런 자료를 제출할 수 있는 사람이 몇 명이나 될까? 하여간 내 능력이 독보적이라는 것을 특히, 미국에서 해당 업무를 하고 있는 사람들보다 월등하다는 것을 객관적인 자료로 증빙해야 했다. 결론적으로 이 업체는 내 분야의 특성상 그것을 해내기엔 쉽지 않다고 언급하며 나의 영주권 승인 가능성이 높지 않다고 판단했다.

일단 GO!

자 이렇게 여섯 군데 업체와 내 미국 영주권 승인 가능성 여부를 두고 상담해봤다. 이 중 세 군데에서 긍정적으로 얘기했으니 간단하게 계산하면 승인 가능성은 50%였다. 다시 한번 나와 같은 상황의 사람들이 온라인 카페에 남긴 글을 읽어봤다. 처음에 업체 승인 가능성이 30%였는데 결국 승인받았다는 사람부터 많은 업체에서 긍정적으로 예상했지만 결국 안 되었다는 사람도 있었다. 관련 글의 댓글에는 승인 가능성이 낮으면 NIW를 받기 어렵다는 얘기부터 '결국 본인 선택이다'라는 얘기까지 의견이 분분했다. 이 상황에서 그대로 밀고 나갈 것인지 아니면 접을 것인지는 결국 내 선택이었다. 내 분야의 특성이나 객관적 증명 자료의 존재 상황을 생각할 때 결과가 핑크빛은 아니었다. 최선을 다해서 승인을 받을 수 있다는 업체도 있었고, 냉정하게 내 분야가 영주권을 받기엔 어려운 분야라는 곳도 있었다. 하지만 미국 영주권 획득을 위한 방법으로 다른 좋은 방법을 생각할 수 없었다. 사실 내가 미국 영주권을 받게 된다고 하더라도 미국 관련 백그라운드는 하나도 없다. 미국에서 공부한 것도 아니고 일을 한 것도 아니다. 외국에서 살아본 적도 없다. 영주권을 받게 된다 하더라도 취업을 하는 것은 또 다른 문제다. 그래서 공부를 좀 더 하고 싶은 마음도 있었다. 영주권을 받게 되면 학비가 외국인의 거의 절반 수준이 된다. 일단 지금의 생활을 유지하면서 시도해볼 수 있는 가장 좋은 기회라는 생각이 들었다. 결과는 아무도 모른다. 내가 어떻게 하느냐, 특히 내 케이스를 제대로 이해하고 진행해줄 변호사를 잘 선정할 수 있느냐에 따라 승인 가능성이 달라진다. 불가능한 것은 아니다.

일단 해보자고 결론을 내렸다. 만약 거절된다고 하더라도 다시 영주권에 도전할 수 있다. 비용과 노력, 그리고 시간이 든다. 하지만 아무것도 하지 않고 있을 수는 없었다.

그렇다면 어느 변호사가 나에게 미국 영주권 승인을 가져다줄 수 있을까? 일단 진행할 수 있다는 3개 업체를 하나하나 평가해봤다. 접수 비용이 800만 원인 법무법인은 NIW 전문 업체도 아닌 데다가 기본 진행수임료가 너무 비싸다. 영주권 승인 가능성보다는 내 케이스를 진행해서 매출을 좀 올려보겠다는 것으로 보였다. 이 업체를 빼면 NIW 전문 변호사와 미국의 대형 로펌과 연계한다는 업체가 남은 후보였다. 두 곳 다 괜찮다. NIW 전문 변호사는 가격이 합리적이었다. 상담 이후 그 변호사 사무실 실장이라는 분이 잠재적 고객 관리 차원에서 나에게 이메일을 여러 번 보내고 있었다. NIW 전문 변호사님은 개인 사무실을 운영하여 혼자 모든 케이스를 다 대응하는 것으로 보였고, 대형 로펌 연계 업체는 다양한 전문 분야의 변호사를 보유하여 의뢰인에게 맞는 분야의 변호사를 매칭해주는 것으로 보였다. 기술 분야 쪽이 아닌 예술, 인문 등 다양한 분야에서 최근 승인을 많이 받은 이력이나 승인에 대한 자신감을 보이는 것도 좀 끌렸다. 비싸더라도 나의 미국 영주권 획득을 가져다 줄 업체를 골라야 했다. 그렇게 나는 최종적으로 대형 로펌 연계 업체를 선택하고 NIW를 진행하기로 결정했다.

✦ 자아 신격화 수준의 영주권 서류 작업

업체를 정하고 나니 이제 이 작업에 박차를 가할 마음의 상태가 자동으로 세팅되었다. 업체와 계약을 하고 계약금을 보내자마자 작업해야 할 문서 양식들이 이메일로 날아왔다. 이민 관련 노하우가 있는 업체인 만큼 지원자가 작성해야 할 그 업체만의 양식 예시가 제공되었다. 아마 이 부분은 업체마다 다를 것이고 이것이 그들의 영업 노하우 중 일부분일 것이다. 업체가 많은 부분에서 도와주지만, 결국 내 능력을 가장 잘 서술할 수 있는 사람은 나이므로 업체가 가이드해주는 양식을 내실 있게 잘 채우는 것이 나의 숙제로 떨어졌다.

업체가 정해지고 일이 진행되는 것은 기뻤지만 한편으로는 각종 양식과 내가 준비해야 할 서류의 양을 보면서 살짝 압도되기도 했다. 하지만 결정했으니, 잘 준비해야만 했다.

추천인 정하기

가장 문제가 추천인을 정하고 추천서 내용을 마련하는 것이었다. 일단 내 분야에서 저명한 사람을 선정해야 했다. 그러면서 나를 추천해줄 수 있는 사람이어야 한다. 나의 경우는 대학원에서 마케팅, CRM(Customer Relationship Management)을 전공했으므로 추천서 하나는 지도교수님께 받으면 되었다. 사실 CRM 분야에서 저명한 사람을 꼽으라고 할 때 널리 알려진 인물이 딱 떠오르지는 않았다. 아직 발전하고 있고, 이론보다는 실무가 주가 되는 분야라서 실무를 오랫동안 해온 전문가를 찾기가 어려웠다. 나랑 비슷한 처지의 사람들은 어떻게 준비했는지 벤치마킹하려 관련 온라인 카페에 들어가 보니 자신과 일면식도 없는 미국에 계신 분에게 이메일로 사정을 얘기하고 추천서를 받아낸 경우까지 있었다. 생각만 해도 고된 과정이다.

추천서를 몇 개, 누구에게, 어떤 내용으로 받을 것인지 고심했다. 나의 업무 성과 및 업적을 쭉 나열해서 카테고리화하고 그 업무 성과에 대한 추천을 누구에게 받으면 될지를 결정했다. 나는 대학원 지도교수님, 전 직장에서의 상사 두 분 그리고 같이 일한 컨설팅 업체에 계시는 CRM 분야의 나름 네임 브랜드가 있는 분, 이렇게 총 네 분에게 부탁해보기로 했다. 다른 업체에서는 누구에게 추천서를 받을지에 대해서도 많이 도와주는 것 같고, 추천인 섭외에 대해 지원하는 업체도 있는 것으로 보였다. 하지만 기본적으로 지원자를 잘 아는 사람이어야 추천하기 용이할 것이고 내가 진행한 업체에서는 그 부분까지 관여하지는 않았다. 결국 내가 추천받을 수 있고 내 분야에서 어느 정도 전문가라고 생각되는, 이름이 좀 알려진 분들에게 추천서를 받기로 결정했다.

추천인 1. 대학원 지도교수

대학원 졸업 후 10년이 지났지만 그동안 꾸준히 교수님과 연락을 해왔었다. 지도교수님은 해외에서 박사 학위를 받으시고 강의도 하셨으며 유명 저널에 논문도 내시고 나름 CRM에 집중하는 전문가시다. 대학원에서 프로젝트를 하면서 새로운 시각으로 접근하여 좋은 결과를 냈던 일들을 비롯해 회사 생활을 하면서 실무적 문제가 생기면 해답을 찾기 위해 교수님께 조언을 구했던 스토리와 함께 CRM 전문가인 나의 업적에 대한 내용을 설명하는 추천서를 받았다. 모교나 다른 학교에서 CRM

특강을 진행한 내용도 뽐내며 세계 최고의 CRM 전문가임을 진술하는 추천서를 받았다.

추천인 2. 첫 직장의 상사

기업 임원으로 재직 중인 분이었고 내가 CRM으로 회사에서 실무를 쌓는 데 많이 도와주시고 커리어적으로 성장하는 것을 계속 지켜봐 오신 분이라 추천인으로 적합하다고 생각했다. 예상대로 흔쾌히 추천인이 되어주셨다. 내가 그 기업에서 어떤 업무를 담당해서 어떤 성과를 내었는지 구체적(매출 ○○억 원, 이익 ○○% 등)으로 쓰인 추천서를 받을 수 있었다. 내가 그 회사에서 내부 CRM 전문가로 해외주재원 파견직원들에게 교육도 여러 번 했기 때문에 그런 부분도 강조했다.

추천인 3. 나의 성과를 지켜본 회사의 상사

금융회사에서 내가 어떻게 일하고 어떻게 고생하면서 성과를 냈는지 다 지켜본 상사였다. 금융이라는 산업은 특성상 데이터가 타 산업 대비 풍부했다. 덕분에 데이터를 분석해서 고객에게 마케팅하고 관계를 유지할 기회가 많았다. 그래서 데이터 분석을 통해 새로운 타깃 마케팅을 많이 시도해봤고 매출을 올리는 성과도 이루었다. 이런 성과 위주로 작성하다 보니 이분의 추천서 길이가 제일 길었다. CRM 전문가로서 주옥같은 나의 업적이 하나하나 녹아든 추천서를 받을 수 있었다.

추천인 4. CRM 전문가, 컨설팅 업체 리더

내 분야의 전문가를 생각하다가 이분을 떠올렸다. 내가 한 회사의 CRM 부서에서 근무하던 시절, 같이 일했던 컨설턴트 리더분이다. 컨설팅 업계에서 CRM 전문가로 인정받는 분이라, 기업들이 CRM 전문가의 도움을 원할 때 이분에게 연락해서 프로젝트를 진행하는 경우도 종종 있을 정도였다. 같이 CRM 프로젝트를 하면서 내가 많이 배우고 존경하게 된 분이다. 워낙 바쁘신 분이시고 같이 일한 컨설팅 프로젝트 리더였던 분이라 조금 조심스러운 마음으로 추천서를 부탁드렸는데 다행히도 흔쾌히 도와주셨다. 같이 CRM 프로젝트를 했을 때의 성과를 정량적으로 포함한 추천서를 받을 수 있었다.

서류 준비

추천서 및 서류 작성

추천서 받을 때의 양식은 따로 없다. 다만 나는 워드 파일 헤더에 추천인이 재직하는 기관이나 기업의 로고가 들어가서 공식적인 느낌을 줄 수 있도록 작성했다. 시작은 추천인이 자신의 소개를 간단하게 한다. 본인의 전문성을 드러낼 수 있는 경력을 중심으로 피력하면 좋을 것이다. 그다음은 어떻게 지원자를 알게 되었는지를 되도록 지원자의 전문성이 자연스럽게 묻어나도록 소개한다. 그리고 지원자와 같이 일한 회사가 어디에 있는 어떤 규모의 어떤 회사인지 추천서를 읽는 영사관이 이해할 수 있도록 간략히 추가한다. 이름이 알려진 글로벌 회사라면 더 유리할 것이다.

지원자의 전문적 업적을 설명하기 위해 해당 프로젝트의 배경을 일반인이 이해하기 쉽도록 잘 설명하고, 어떤 성과를 이루었으며 그것이 왜 중요하고 회사에 어떤 도움이 되었는지를 강조한다. 그리고 시장에 이런 인재가 흔치 않음도 어필한다. 예를 들어, 지원자가 해당 회사를 퇴사한 후 새로운 지원자를 알아봤는데, 마땅한 후보자가 없어서 애를 먹은 경험을 설명할 수도 있겠다. 시장에서 해당 전문가가 얼마나 부족한지를 신문기사, 업체들의 자료 등의 수치로 얘기하면 효과적일 것이다. 그에 더해 미국 시장에서도 이런 인재가 얼마나 귀한지 자료를 통해서 내용을 곁들이면 좋을 것이다.

추천서마다 11 폰트로 A4 4~5장 정도의 분량이 되었다. 사실 추천서는 추천인이 직접 작성해서 사인까지 해주는 것이 정석이다. 하지만 현실적으로 추천인들이 추천 내용을 세부적으로 수치까지 기억해서 작성해주기란 쉽지 않다. 그래서 추천을 부탁하는 사람이 어느 정도 세부적인 내용을 작성해서 내용 확인과 함께 추천서의 사인을 받는 것이 현실적인 방법이다.

이 작업을 해보면 알겠지만 내용은 거의 나를 신격화하는 수준이다. 많은 성과를 드러내 보이면서 '이 사람은 이 분야에서 세계 최고다. 그러니 미국에 필요한 인재다'라는 스토리를 만드는 것이다. 이렇게 나의 분야에서 이룬 업적을 하이라이트하고 세계 최고라고 주장하면서 동시에 현재 이 분야의 세계 시장 상황은 어떻고, 그래서 인재는 이만큼(구체적 숫자)이나 많이 필요한데 미국에서 배출되는 인재는 이만큼(구체적 숫자)밖에 되지 않아서 이 분야의 외국 인재들이 미국에 진출해야만 한다는 내용도 포함했다.

어찌 보면 커리어 관점에서 나의 인생 중간 정리이자, 반추의 타이밍이었다. 내가 태어나서 그때껏 한 모든 일이 추천서에서 '미국에 진출할 만큼의 세계 최고의 전문성을 가진 인재'라는 주장을 뒷받침하기 위한 증거로 활용되었다. 전문가들에게 추천서를 받아야 하므로 결국 평소에 내가 얼마나 인간관계를 잘했는지를 판단할 수 있는 타이밍이기도 했다. 또 하나, 내 주위에 대단한 전문가들이 계셨다는 것을 깨닫게 되었다. 대기업 해외법인장, 30년간 한 분야에서 근무하며 최선을 다해온 분, 기업에서 직접 전화를 걸어 프로젝트를 의뢰하는 CRM 전문가 등 주위 분들의 경력과 묵묵히 그 길을 걸어온 성실함에 감탄하며 추천서를 받았다.

추가로 다른 분들의 도움을 얻어 작성한 서류가 LOI(Letter of Intent, 업무협력의향서), 강의확인서, 업무확인서다. 최대한 내가 이 분야 전문가라는 걸 증명해야 하기에 추천서 외에도 강력한 무기가 될 수 있는 LOI가 필요했다. 업체에서는 나보고 LOI를 받을 수 있으면 받아보라고 했다. LOI는 쉽게 말하면 Job Offer 성격의 서류인데 실제로 미국 회사의 Job Offer를 받는 서류면 제일 좋지만, 그게 아니면 내가 재직 중인 회사의 미국 지사, 또는 거기 있는 누군가에게 나와 일을 함께하고 싶다는 업무협력의향서를 받아도 좋다고 했다. 그러면 실제로 미국에서 나를 필요로 하는 기업이 있는, 미국에서 필요한 전문가라는 것을 증명하는 데 도움이 된다고 했다.

추천서를 받는 것도 까다로웠지만 이 부분은 차원이 달랐다. 당연히 그 당시 나에게 Job Offer를 준 회사는 없었다. 우선 당시 재직 회사가 글로벌 회사여서 미국에 법인이 있었다. 주재원도 있었고 동료들이 미국 출장을 가기도 했다. 그러나 미국 법인에 내가 직접 아는 사람은 없었다. 업무협력을 한 적이 있어서 아는 이름들은 있었지만 친하지는 않았다. 아는 동료를 통해서 잘 아는 사람을 수소문할 수는 있었지만 같은 회사에 재직 중이라 조심스러웠다. 업무협력의향서를 부탁하는 것은 더더욱 어려운 일이라 생각되었다.

연락처 리스트를 보며 이런저런 생각을 하던 중 한 분을 떠올렸다.

당시 재직하던 회사에 면접을 볼 때 면접관이셨던 분인데 미국 국적을 가진 한국 분이었다. 내가 입사하고 1년 후 다른 외국계 회사로 이직하셨기 때문에 부담스러움이 덜했다. 국적이 미국인 데다가 영어도 편하시고 그 당시 미국 회사에 고용되어서 한국 파견으로 프로젝트를 하고 계시는 것이니 부탁하기 적절한 분이라고 생각이 되었다. 다행히도 그분과 자주는 아니지만 종종 연락은 하고 있었다. 오랜만에 연락해서 근황을 확인하고 내 사정을 말하니 흔쾌히 응해주셨다. 이분은 내가 면접 때 발표한 내용부터 입사해서 일한 내용까지 다 잘 알고 계신 분이어서 관련 내용을 바탕으로 본인이 일하는 미국 회사에서 나와 협력하고 싶다는 업무협력의향서를 적어주셨다.

추천서와 업무협력의향서와는 별도로 두 가지의 서류를 준비했다. 하나는 강의확인서였다. 아는 후배가 대학교 경영학과 교수라 가끔 내가 마케팅 수업에서 CRM 관련 특강을 진행했었다. 그 진행 내용을 후배가 확인해주었다. 다른 하나는 회사에서 나와 긴밀하게 업무를 같이하고 있는 선배가 나의 업적에 대한 간략한 업무확인서를 적어 지원해주었다.

그 외에 신청인 진술서는 내가 어떤 분야에 전문성이 있으며, 그 분야가 왜 중요하고, 미국에서 얼마나 필요하며, 미국의 국익 측면에서 어떤 기여를 할 수 있을지를 최대한 구체적이면서도 일반인들이 이해하기 쉽도록 정량적인 내용과 함께 서술했다. 구글링을 통해 내 활동 분야의 중요성 관련 자료를 찾아서 함께 제출하기 위해 준비했다.

번역 작업

영어로 제출해야 하므로 추천서도 영어로 하는 것이 좋다. 만약 영어로 작성한 추천서를 준비하는 것이 힘들다면 한국어 추천서를 받은 다음 공증을 받는 방법이 있다. 나의 경우는 업체에서 번역가가 번역을 진행하면서 약간의 내용 편집/수정도 해주었다. 16페이지(4페이지×4개 추천서) 정도의 분량을 한국어에서 영어로 바꾸는 게 간단할 것 같지만 한 달 이상이 소요되었다. 번역가가 번역에 최선을 다했지만 내 분야의 전문가도 아닌 데다가 서류 성격상 유난히 전문성을 어필하는 내용이 많기 때문에 단어 선정이나 내용 번역에 잘못된 것이 없는지 내가 꼼꼼히 확인해야 했다. 실제로 몇 군데 잘못 번역된 내용을 발견해 이메일을 주고받으며 여러 차례 내용 수정을 해야 했다. 번역가가 내 추천서만 번역하는 것이 아니기 때문에 더 힘들고 어려운 과정이었다. 수정사항을 이메일로 의뢰하고, 그 수정사항대로 번역가가 수정한 내용을 다시 확인하는 지난한 이메일 교환의 과정을 거쳐 영문판 추천서가 완성될 수 있었다.

추천인 사인 받기

이 부분이 가장 까다로운 부분이었다. 너무나도 바쁘신 분들이라 사인해달라 부탁하는 것도 송구했으나, 전후 사정을 잘 얘기하고 사인을 받아낼 수밖에 없었다. 차라리 내가 밤을 새워서 준비하는 거라면 괜찮은데 남의 도움이 반드시 필요한 부분이라 추천인의 시간과 노고를 일부 요구할 수밖에 없었다. 평소에 착하게 살자! 이 과정은 어떻게 보면 내 커리어 인생의 중간 점검이자 인간관계의 중간 점검이기도 했다. 추천인들이 추천서의 내용을 보고 공통으로 한 말은 '옛날 생각난다', '이걸 어떻게 이렇게 자세하게 다 기억하고 있니?', '대단하다'였다. 함께 공유하는 추억을 떠올리는 좋은 시간이었다.

전체 서류 준비

　서류 준비에서 가장 까다롭고 공을 들이는 것이 추천서이긴 하지만, 그 외에도 많은 서류를 준비해야 한다. 각종 나의 증명서(학위증명서, 재직증명서)가 필요하고 수상 경력, 논문, 특허, 미디어 노출 자료를 제출해야 했다. 이 부분도 조금 걱정되기는 했다. 나는 공대 쪽 전공이 아니라서 관련 논문이 탁월하거나 특허가 있지 않았다. 나의 대학원 석사 논문의 조회 수를 봤는데 10회 미만이었다. 수상 경력은 없고, 미디어에서 스포트라이트를 받거나 유명하지도 않다. 사실 15년간 회사에서 묵묵히 일하며 한 분야에서 전문성을 키우고 경력을 쌓아온 사람에게 이런 경력이 있을 리가 만무하다. 마음이 무거웠다. 검색사이트에서 내가 했던 업무 중에서 신문기사화된 케이스들을 찾아내서 억지로 내가 한 일과 연결하여 관련된 부분에 하이라이트를 하고 업체에 넘겼다. 그리고 그나마 예전 회사에서 진급 가산점을 받기 위해 공부하고 취득한 SAS 데이터 분석 소프트웨어 자격증과 보안에 문제가 되지 않을 선에서 업무를 하면서 작성한 성과와 관련된 자료들도 함께 제출하였다.

　영주권을 받아야만 한다는 논리를 펴기 위해 내 전문성에 도움되는 모든 정보와 이력, 경험, 인맥을 총동원해야 했고 어떤 면에서는 그것들이 모두 알게 모르게 유기적으로 연결되었고, 의미가 있었음을 알게 되었다. 대학 입학해서 신입생 때부터 영주권을 신청하는 순간까지 꾸준히 영어 학원을 다니거나 과외를 받은 것, 언어 교환을 했던 일들이 미국 영주권을 받기 위한 또 하나의 포석이었다. 그리고 꾸준하고 일관된 경험을 쌓기 힘든 CRM 분야에서 경험을 쌓기 위해 여러 회사의 문을 두드리며 데이터 분석을 하고 데이터 분석을 위한 프로그래밍도 배우고, 배울 점이 많은 분들과 관계를 유지하며 조언도 구하고 도움을 주고받았던 일들이 이렇게 추천서를 쓰는 데 필요한 자양분이 되었다. 이럴 줄 알았으면 평소에 아무리 사소하더라도 내 전문성과 관련된 것이라면 잘 기록하고 보관해놓을 걸, 하는 생각도 했다. 하지만 내가 이렇게 미국 영주권을 신청할 줄 누가 알았겠는가. 태어나면서부터 나중에 내가 미국 영주권을 신청할 테니 도움될 만한 것들을 잘 모아두자고 다짐할 순 없는 것이니. 어찌 됐건 나에게 일어났던 모든 일을 최선을 다해 나의 월등한 전문성이라는 고리로 연결해가며 추천서와 관련 서류들을 작성했다.

서류 검토/수정 그리고 접수

영주권 신청 제출 자료

1	이력서
2	추천서 4부
3	업무확인서 1부
4	강의확인서 2부
5	LOI(업무협력의향서)
6	내 활동 분야의 중요성을 설명할 수 있는 기관 자료
7	내 업적 관련 미디어 노출 자료
8	학위증명서
9	성적증명서
10	재직증명서
11	논문 및 인용 횟수
12	주요 프로젝트 수행 과제
13	자격증
14	신청인 진술서
15	여권 사본

내가 준비한 서류들을 업체에 보내면 변호사님이 검토하고, 내가 추가 또는 수정해야 할 부분을 알려주셨다. 그러면 나는 보강하고 다시 이메일을 보내는 작업이 몇 번이나 계속되었다. 이와는 별도로 내 지원서를 접수하기 위해 변호사님은 내 자료를 총망라하여 청원서를 작성했다. 12페이지에 달하는 청원서가 작성되었다. 나는 업체와 계약하여 필요한 자료 리스트를 전달받은 2018년 5월 13일부터 서류를 접수한 10월 1일까지 5개월 동안 퇴근 후 집에 와서 하루에 2~3시간을 추천서 및 관련 자료 작성으로 보냈다. 이제 서류 작업이 끝났다고 생각하니 조금 후련하면서 떨렸다. 당시 나에게 플랜 B는 없었고 이것만이 살길이었기 때문에 반드시 승인을 받아야 한다는 의지가 강했다. 내 케이스를 담당하게 된 영사관이 내 서류를 보고 긍정적으로 판단하길 바라는 마음뿐이었다. 내 서류가 빠른 우편으로 접수되고 지원 영수증과 지원 번호를 받았다. 이제 내가 할 일은 좋은 소식을 기다리는 것이었다. 이때 가장 힘든 부분은 이 소식이 언제 올지 가늠할 수 없다는 것이었다. 어떤 사람은 6개월, 어떤 사람은 1년 만에 소식을 듣는다고 하니, 그렇게 나도 하염없이 소식을 기다리는 수밖에 없었다. 6개월 정도가 지난 후부터는 하루하루가 기다림에 피 말리는 나날이었다. 특히 회사 생활이 힘든 날엔 더욱 그랬다. 꿈을 꾸기도 했다. NIW 승인이 되는 꿈을 꾸며 설레기도 하고, 승인이 거절되는 꿈을 꾸며 식은땀을 흘리기도 했다. 최선을 다해 추천인을 선정하고 힘들게 준비해 지원했는데 제발 좋은 소식이 날아오기를 간절히 바라는 마음이었다.

✦ 드디어 업데이트된 결과, 다시 한번 파이팅

접수하고 나면 일단 근시일 내에는 결과가 나오지 않기 때문에 승인이 되기만을 바라며 회사 생활에 집중했다. 가끔 온라인 카페에 들어가서 영주권 승인 소식을 받은 선배님들의 후기를 읽으며 부러워하고 승인 타임라인을 확인했다. 최근 승인이 늦어진다는 후기들을 보면서 나도 좀 늦어지겠거니 생각하며 회사 생활에 다시 집중하던 어느 날 무심히 나의 케이스를 조회했다가 업데이트된 소식을 확인했다. 그때가 2019년 6월 중순이었다. RFE(Request for Evidence)였다. 영사관이 검토하다가 자료가 부족하다고 느끼고 보충 자료를 요청한 것이다. 나는 이 사실을 업체와 변호사에게 알리고 대응책을 의논했다. 일단 내가 받은 RFE를 분석했다. 미국 영사관은 아래 세 가지 항목에 대한 추가 자료를 요청했다.

- 내 전문 분야의 국가적 중요성
- 내 전문성이 가지는 혜택과 이익
- 내 전문성의 객관적 증명 자료

지금까지 제출된 자료만으로는 내가 해당 분야의 전문성을 가졌는지, 이 전문성이 국가적으로 중요하고 가치를 지니는 것인지 확신이 들지 않는다며 이와 관련된 자료를 3개월 이내에 다시 제출하라고 했다.

4명의 추천인에게 추천서를 받고 각종 자료와 함께 영주권을 신청하는 작업만으로도 너무너무 힘들었다. 근데 보충 자료를 제출하라니, 마치 100m 단거리 달리기를 사력으로 완주한 운동선수에게 출발선으로 돌아가 다시 100m 달리기를 시작하라는 말처럼 느껴졌다. 하지만 여기까지 왔으니 나는 좋은 결론을 봐야 했다. 그래서 다시 힘을 냈다.

변호사는 내가 3개월 안에 제출할 자료에 대해 가이드해주었다. 내 분야의 국가적 중요성을 객관적으로 어필하는 진술서, 미국에서 영주권 획득 후 전문성을 활용하여 미국 내에서 어떤 활동에 기여할 것인지를 설명하는 활동계획서, 그리고 영사관이 애매하게 생각하는 내 전문성에 대해 객관적으로 어필할 수 있도록 동 분야 전문가들의 업무확인서를 받자고 제안했다. 처음 지원할 때 내 모든 인맥과 가능성을 총동원했다고 생각했다. 하지만 상황이 이렇게 되자 다시 초심으로 돌아가서 더 노력해서 영주권을 꼭 받아야겠다는 다짐을 했다.

제출하는 자료가 많으면 많을수록 좋을 것이다. 차분하게 앉아서 내 주위에 내 분야의 전문가가 누가 있는지 1명씩 떠올리며 리스트를 작성해봤다. 업무확인서는 작은 버전의 추천서. 추천서만큼의 분량은 아니지만 결국 나의 전문 분야 성과를 증명하고 나를 추천하는 전문가의 간단한 추천이 담긴다. 주어진 시간이 짧은 만큼 빠르게 리스트를 작성하고 연락해 업무확인서를 완성했다. 내가 업무확인서를 받은 분들이 전문가라는 것을 어필하기 위해 업무확인서를 써주신 분들의 이력서도 따로 받아 제출했다.

추가 지원 서류 준비

RFE 추가 제출 자료

1	업무확인서 6부
2	내 전문 분야의 국가 중요성 관련 자료
3	활동계획서
4	내 전문 분야의 국가적 중요성 관련 신청인 진술서

업무확인서 1. 첫 회사의 사수

내가 CRM 업무를 시작할 때 정말 많은 업무를 가르쳐주신 분이다. 당시 해외법인장으로 계셨는데 흔쾌히 업무확인서에 사인해주셨다. 나와 같이 CRM 업무를 했기 때문에 나의 업무 성과에 대해 잘 알고 계셔서 같이 일했을 때의 업무 성과를 부각한 업무확인서를 작성하고 확인을 받았다.

업무확인서 2. 광고회사 CRM 팀장

내가 재직하던 같은 그룹사의 광고회사에서 CRM 팀장으로 일하는 대학원 친구다. 같은 분야여서 평소 업무 관련 얘기도 많이 하고 업무나 커리어 관련 공감을 많이 해왔던 터라 어렵지 않게 업무확인서를 받을 수 있었다.

업무확인서 3. 분석 솔루션 업체 프로젝트 리더

이분과는 개인적으로 연락하던 사이는 아니었지만, 내가 아는 분의 친구기도 해서 가끔 소식을 전해 들으며 알고 지냈다. 이분도 CRM 쪽으로 꾸준히 커리어를 쌓아오신 분이라 CRM 전문가였고 나와 같이 일한 경험도 있기 때문에 내 업무확인서를 받을 수 있는 적절한 분이었다. 사실 평소에 자주 연락한 것이 아닌데 업무확인서를 부탁드리는 것이 좀 송구했지만 의외로 흔쾌히 응해주셨다.

업무확인서 4. 전 직장 팀장

역대 나의 팀장님 중 가장 좋은 분이셨는데 팀원과 다소 내외하는 스타일이시라 친하게 지내지는 못했다. 하지만 이직 후에도 그 회사에 남아있는 친구를 통해 계속 소식을 전해 들었고, 그분도 그 친구를 통해 내 소식을 듣고 계셨다. 내가 팀원이었을 때 내 업무를 인정해주신 분이기도 했다. 너무 오랜만에 연락하는 것이라 사실 민망함이 앞섰지만 차분히 상황을 말씀드리고 확인서를 받아냈다. 나의 팀장님이셨기 때문에 그때 했던 업무 관련 성과를 어필하는 내용으로 확인서를 작성했다.

업무확인서 5. 재직 회사 동료 1

한때 같은 팀이었다가 이분도, 나도 팀을 옮겨서 옆 팀이 된 분이다. 외국 국적에 영어도 능통한 분이라 내 사정을 솔직하게 오픈하고 업무확인서를 받았다. 나와 같이 일한 적이 있어서 회사의 업무 성과에 대해 업무확인서를 받아낼 수 있었다.

업무확인서 6. 재직 회사 동료 2

나와 비슷한 시기에 재직 회사에 경력직으로 입사한 분이다. 나보다 경력도 많고 미국에서 통계로 박사 학위를 받으셨다. 나와 비슷한 분야에서 업무를 했던 분이셨다. 나의 사정을 잘 아셨고, 같이 일해보진 않았지만 같은 회사의 비슷한 포지션 전문가로 마찬가지로 업무확인서를 어렵지 않게 받을 수 있었다.

신청인 진술서와 활동계획서

내 전문성이 국가적으로 얼마나 중요하며 어떤 이익을 가져올지 객관적으로 필요성을 강조하는 진술서와 영주권 취득 후 계획을 담은 활동계획서를 다시 작성했다. 어느 정도 지난번 지원할 때와 중복되는 부분이 있었다. 중복될 수밖에 없거니와 영사관이 나의 케이스만 보는 것도 아닐 테니 크게 걱정하진 않았다. 따라서 추가할 수 있는 부분은 추가하고 반복되는 부분은 다시 강조해서 나의 전문성을 어필하는 내용으로 작성했다.

담당 심사관님께.

제 전문 분야인 CRM(Customer Relationship Management)이 얼마나 중요하고 많은 수요를 필요로 하는 분야인지에 대해서 말씀드리겠습니다. 심사관님도 쇼핑을 하실 테고 그렇다면 Amazon, Macy's 같은 온라인 쇼핑몰에서 심사관님의 구매 또는 장바구니에 넣은 상품 관련 추천 또는 할인상품에 대한 혜택이 있는 이메일을 받으신 경험이 있으실 것입니다. 제가 하는 역할을 이 경험과 연결해서 설명한다면 저는 데이터 분석을 통해 상품 구매 확률이 높은 고객을 밝혀내고, 그 고객들을 대상으로 마케팅 활동을 진행해 기업이 더 많은 이익을 창출할 수 있도록 합니다. 간단히 말하자면, 기업이 적은 비용으로 더 큰 매출을 낼 수 있도록 하는 것입니다.

이 일은 기업이 돈을 벌기 위해 필요한 데이터가 무엇인지 알아내고 데이터를 직접 분석해서 기업에 더 도움이 되는 고객을 구분하고, 그 고객을 대상으로 이메일을 보내는 것과 같은 마케팅을 한 후 그 결과까지 분석해서 개선점을 찾는 모든 활동을 포함합니다. 이런 업무의 결과는 온라인 매장뿐만 아니라 오프라인 매장에서도 고객의 어떤 관심과 선호도에 맞춰 매장을 꾸밀지, 고객별로 어떤 서비스나 상품을 제안할지에 대한 업무를 수행하는 근거가 됩니다. 흩어져있던 데이터를 모으고 분석해서 우리 기업의 고객은 누구이고 어떤 고객이 이익이 되는 고객이며 어떤 성향을 지니므로 어떤 상품을 출시하고 어떤 마케팅 활동을 해야 한다는 인사이트와 전략을 도출해서 매출로 연결하는 사람이 CRM 전문가입니다.

수많은 고객 중 기업 입장에서 정말 매출에 이익이 될 만한 고객을 찾아내어 마케팅 활동을 하는 CRM은 제품/서비스를 이용할 가능성이 큰 고객만을 타깃팅해서 마케팅 활동을 하기 때문에 마케팅 비용을 23% 절감할 수 있다고 알려졌습니다. 이는 효율적이며, 판매 성공률이 높은 고객에게 고객이 원하는 마케팅 활동을 하는 것이므로 기업 매출을 41%, 이익을 2% 향상시킬 수 있어 치열한 경쟁 환경에서 필수적인 전략입니다. 이뿐만 아니라 CRM 마케팅은 기존 매스 마케팅 대비 ROI(Return On Investment)가 50% 높으며, CRM 마케팅에 의한 고객의 객단가(Average Spending per Person)는 20~40% 더 높은 것으로 알려졌습니다. 또 고객의 구매 전환율(Conversion Rate)은 300% 증가하고 고객이 재이용하게 하는 고객 유지율(Customer Retention Rate)은 27% 증가 효과가 있습니다.[01] 따라서 CRM은 고객의 개별 맞춤형 마케팅을 통한 고객 경험 만족이 차별 포인트가 되는 현대 비즈니스 세계에서 불가피한 전략이며 AI(Artificial Intelligence)를 기반으로 데이터를 활용한 분석이 중심이 되는 4차 산업혁명 시대에서 기업들이 필수적으로 고려할 수밖에 없는 전략일 것입니다. 이에 CRM 시장 규모는 해마다 증가하고 있으며, 이런 CRM 시장 규모는 보통 CRM IT 시장 규모를 추산하여 추정하는데, 2017년 기준 $36 billion 규모의 CRM 시장이 해마다 증가하여 2025년까지 $80 billion 규모가 될 것으로 추정되고 있습니다.[02]

이렇게 CRM은 기업의 필수불가결한 전략이기 때문에 CRM 역량을 가진

01   https://oegen.co.uk/2016/10-reasons-your-company-would-benefit-from-a-
      crm-system-infographic/
02   https://www.superoffice.com/blog/crm-software-statistics/

인재에 대한 수요 또한 늘어나고 있습니다. CRM 전문가, 즉 Data Scientist 는 미국의 Best Top 50에 속하는 직업이지만 이 역량을 가진 사람은 부족한 상황이며,[03] LinkedIn에 따르면 2018년도 미국 내 Data Scientist Job 중 151,000개 포지션이 채용되지 않는 등 극심한 공급 부족 현상을 나타내고 있습니다.[04]

또 과거에는 CRM 전문가를 Data Scientist라는 이름으로 부르며 단순히 데이터를 다룰 수 있는 Data Engineer로 여겼다면, 현재는 데이터를 다룰 수 있는 역량을 넘어서서 데이터를 기업의 가치 있는 일로 전환하는 역할이 중요해져 이제 CRM 전문가를 Data Translator 또는 Business Translator 라고도 부르고 있습니다. 이 역할은 세련된 분석을 통해 생성된 깊은 통찰력이 조직 내에 광범위하게 영향을 미치도록 합니다. 그러나 이런 역량을 가진 사람이 부족합니다. 2026년까지 미국에서만 2백만에서 4백만 명의 CRM 전문가가 필요하지만 이런 역할은 최근에 수요가 급증했고, 그만큼 해당 경험을 일관되게 쌓아온 사람은 많지 않은 상황입니다.[05] 이런 수요를 충족하기 위해서는 STEM 분야(Science, Technology, Engineering and Mathematics)의 졸업생 중 20~40%가 이 역할을 해야 하지만 현재는 10%

03 https://www.infoworld.com/article/3190008/3-reasons-why-data-scientist-remains-the-top-job-in-america.html

04 https://www.datanami.com/2019/01/30/whats-driving-data-science-hiring-in-2019/

05 Nicolaus Henke·Jordan Levine·Paul McInerney, 「Analytics Translator: The new must-have role」, McKinsey, 2018.

정도만 충족되고 있는 상황입니다.[06] 저는 데이터 분석뿐만 아니라 특히 분석된 데이터를 해석해서 타깃 고객이 누구며, 기업이 어떤 마케팅 활동을 해야 하는지를 수립하는 일에 대한 경험이 많기 때문에 CRM 전문가 영역 중에서도 Data Scientist로서 뿐만이 아니라 Business Translator로도 미국에서 절실히 필요로 하는 인재라고 말할 수 있습니다. 신문기사에 의하면 실제로 세계적 전략 컨설팅 업체 중 하나인 KPMG 빅데이터 뉴욕센터 Mike Dolan Director는 4차 산업혁명 시대는 기술보다 데이터의 중요성이 높아지는 시대라며 전 세계적으로 빅데이터 전문가 수요가 폭증하면서 인력난이 심각한 상황이라고 했습니다. KPMG는 2017년 3,000명가량의 빅데이터 전문가를 추가 채용했지만 여전히 폭증하는 수요를 감당하지 못하고 있다고도 말했습니다.[07]

이런 상황이기 때문에 여러 대기업과 다양한 산업에서 직접 데이터를 다루며 그 가치를 도출하고 이익이 되는 고객에게 마케팅을 해서 매출을 증대하는 업무에 전문성을 쌓아온 제가 CRM 전문가로서 미국 기업이 이익을 창출하고 고객을 유지하는 데 기여할 수 있다고 자신 있게 말씀드립니다. 감사합니다.

강지은

06   Nicolaus Henke·Jacques Bughin·Michael Chui·James Manyika·Tamim Saleh·Bill Wiseman·Guru Sethupathy, 「The age of Analytics: Competing in a Data-Driven World」, McKinsey, 2016.

07   http://mba.mk.co.kr/view.php?sc=30000001&cm=SPC&year=2017&no=513764&relatedcode=000010401

추가 자료 제출

사실 처음에 추가 자료를 내야 한다는 사실을 알았을 때는 조금 좌절했다. 추천서와 관련 서류를 작성해서 제출하는 것만으로도 힘이 들고 어려운 과정이었는데 뭔가를 더 제출해야 한다니 마음이 무거웠다. 하지만 마음을 다잡고 기회를 찾아보니 더 확인을 받을 사람들이 주위에 있다는 것에 놀랐다. 오히려 평소에 잘 연락을 안 하던 사람들에게 영주권 관련 부탁을 하려고 연락을 하게 되고, 근황을 업데이트하게 되는 효과도 있었다. 새삼 주위 사람들에게 고마움을 느끼게 되었다. 다만 내 분야가 다른 분야 대비 전문적 탁월함을 증명하는 데 어려운 분야라는 점이 마음에 걸렸다. 추가 서류 제출 과정은 준비 시간이 3개월 이내로 짧기 때문에 속도를 내서 빨리 진행하였다. 추가 서류들도 역시 업체에서 번역하여 제출했다. 결론적으로 추가 서류까지 더하여 나의 미국 영주권 신청을 위해 총 13명의 전문가가 서류 작성 및 서명을 해주었다.

✦ 최종 결과, 그리고 다음 단계

2019년 9월 3일에 RFE 추가 서류를 접수한 후 결과를 기다렸다. 사실 나는 좀 희망적이었다. 왜냐하면 RFE 요청 이후에는 승인되는 케이스가 대부분이었기 때문이다. 물론 RFE 이후 추가 서류를 내고도 거절당하는 경우도 있다고 들었다. 하지만 승인 거절을 하지 않고 추가 서류를 요청했다는 것 자체가 승인하려고 한 번 더 들여다볼 것이라는 의미라고 생각했다. 결과를 확신할 수는 없지만 그래도 영사관이 긍정적으로 검토하려고 하지 않을까 내심 기대를 저버리지 않았다. 추가 서류 제출 이후 틈만 나면 미국 이민국 사이트(USCIS)를 들락거리며 결과를 초조하게 기다렸다. 사이트에 들어가지 않아도 확인할 수 있는 어플 Case Tracker를 핸드폰에 다운받고 수시로 결과를 확인하기도 했다.

어느 날 자기 전 우연히 어플을 확인했는데, 결과가 업데이트되어있었다.

"Case was denied."

가슴이 철렁 내려앉았다. 믿을 수 없었다. 최선을 다해 1년 반 동안 준비해 지원하고 기다린 결과였는데, 미국 영주권 승인이 거절되었다. 하필이면 잠들기 직전에 확인해서 그 날 밤은 제대로 잠을 잘 수가 없었다. 다음 날 오전에 바로 업체에 연락했다. 업체에서는 내 케이스의 승인 거절 사실을 모르고 있었다. 보통 이런 소식은 우편 메일로 변호사에게 날아오니 소식을 알기까지는 시간이 걸린다. 업체와의 통화에서 업체 담당자와 나의 탄식이 오갔다. 업체 담당자는 변호사에게 거절 통지가 오는 대로 분석해서 공유한다고 했다.

거절 메일은 6페이지에 달했다. 요약하면 나는 전문 분야 관련 대학원 석사 학위를 받았으므로 자격은 된다(학사 학위를 가지고도 영주권을 받은 사람도 있기는 한데 아무래도 석사 이상 학위를 가지고 있어야 전문성을 어필하기 좋은 것 같다). 하지만 첫째, 나의 CRM 전문성이 미국 입장에서 국가적으로 왜 중요한지 잘 모르겠으며, 둘째, 내가 내 분야에서 탁월한 성취를 했다는 것에 대한 충분한 증거가 보이지 않는다면서 특히 나에게 관심을 보이는 고용주가 없음에 대해 지적하고 있었다. 내가 ROI를 제출했지만 ROI 문서 헤더에 미국 소재 주소나 연락처를 포함하고 있지 않아 공식적으로 인정할 수 없다고도 했다. 마지막으로 내 전문성이 미국 이익에 기여할 수 있는 부분에 대해 의구심을 제기했다. 걱정대로 나의 전문성에 대한 국가적 중요성이나 이익이 영사관에게 충분히 어필되지 못한 것이다.

결론은 어찌 됐건 실패다. 나의 1년 반에 걸친 NIW 영주권 획득은 실패로 돌아갔다. 실패했을 때의 시나리오에 대해 생각을 안 해본 것은 아니지만, 현실이 되고 나니 새삼 막막했다. 불행한 조직 생활에서 벗어나고 싶은데 뭔가 빨리 진행되지 않고 점점 더 깊은 터널을 헤매는 기분이었다.

선배: 지은 씨, 그럼 NIW 다시 진행할 거예요?

내게 처음 NIW를 알게 해준 선배가 물었다. 업체에서는 변호사가 송구하다며 극복 자료 및 전략 이메일을 보내왔다. 후회를 잘 하지 않는 편인데 조금 아쉬운 점이 있었다. 물론 내가 다른 업체와 일을 같이 해본 것은 아니라 정확히 비교할 수는 없지만, 다른 변호사와 진행했더라면 어땠을까 하는 마음도 들었다. 왜냐하면 이 업체와 진행할 때 번역이 오래 걸리면서 내용이 매끄럽지 못한 부분이 많아 내가 여러 번 지적을 해야 했고, 나 말고도 진행하는 고객이 많아서인지 내 케이스에 조금 소홀하다는 느낌도 받았기 때문이다. 결과가 좋았다면 지금 이 업체에 대해 다른 얘기를 하고 있을 수도 있지만, 변호사에 따라 승인 여부가 달라질 수 있는 만큼 아쉬움이 남았다.

특히 업무협력의향서를 받았던 미국 회사에 다니는 분이 한국 프로젝트 파견자여서 연락처가 +82로 시작했는데, 이 부분이 찜찜해 업체에 문의했더니 그 부분은 괜찮다고 해서 믿고 제출했다. 그런데 영사관이 그 부분을 딱 꼬집어 언급한 것이다. 그러니 나로서는 업체가 내 케이스에 신경을 덜 쓰거나 꼼꼼하지 않았다고 해석할 수밖에 없었다.

변호사가 거절 사유 극복 방안을 조목조목 안내해줬지만 더 이상 이 업체와 NIW를 진행할 힘이 나질 않았다. NIW를 다시 이 업체와 진행하게 되면 처음에 들었던 대로 250만 원 정도만 추가로 지급하면 됐지만, 앞서 진행할 때 꼼꼼하지 않았던 기억으로 다시 같이하고 싶은 마음이 나질 않았다. 또 영주권을 신청하고 결과를 기다리기까지 너무 시간이 오래 걸리는지라 한 번 실패한 이상 다시 이 방법을 선택하고 싶지 않았다.

NIW 영주권 승인 거절 자체는 영주권 승인 인터뷰 단계에서 거절되는 게 아니라면 향후 나의 다른 비자 지원에 영향을 주지 않는 것을 알고 있었다. 나는 업체 담당자에게 이 영주권 거절이 향후 미국 유학 학생 비자를 받는 데 영향을 주지 않는지를 확인했다. 100% 확신할 수 없지만 통상 NIW 영주권 승인 거절은 학생 비자 발급에는 영향을 주지 않는다는 대답을 마지막으로 업체와의 연락은 종료되었다.

PART. 2

미국 유학 준비
TOEFL, GRE

"삶이 이렇게 빠르게 달아나고 있는데 정말 철저하게 살고 있지 않다는
생각을 하면 견딜 수가 없어."

- 어니스트 헤밍웨이, 『태양은 다시 떠오른다』

나는 인생 계획을 세우는 데 있어서 실제적이고 치밀한 편이다. 영주권 결과를 기다리면서 만약 이번 영주권 획득 시도가 실패한다면 어떻게 할까를 고민해보았다. 마침 미국에서 회사를 다니는 친구와 얘기하던 중 친구 남편이 미국 대학교수인데 그 대학에 Business Analytics라는 석사 과정이 있고, 졸업하면 취업이 거의 100%라면서 나의 전문 분야인 CRM(Customer Relationship Management)이 데이터를 분석해서 마케팅을 하는 것이니 이 전공과 일맥상통하는 터라 내가 영주권을 못 받게 된다면 이 과정을 공부해서 미국에 취업하는 것은 어떤지 의견을 들었다.

NIW를 통해서 미국 영주권을 받는다고 해도 취업은 또 별개의 문제라서, 나보다 먼저 NIW로 미국에 간 예전 회사 선배 얘기를 들어보니 영주권을 받고도 취업이 안 되어서 영주권을 충분히 활용하지 못하고 다시 한국으로 돌아오는 사람도 있다고 했다. 나 또한 한국에서 태어나 한국에서 학사, 석사 학위를 땄고 15년 정도 직장을 다니며 영어라곤 학원에서 영어 공부를 한 정도인 완전한 한국 토종 사람에 불과하니, 여러 정황상 영주권이 있어도 취업이 쉽지는 않을 것 같은 느낌이 들었다. 나는 내가 전문가라고 아우성을 치지만 미국의 여느 기업에서 보면 나는 지극히 평범한 직장인일 터였다.

그래서 미래를 위한 투자 개념으로 내 커리어와 연장선인 Business Analytics 과정을 배워서 좀 더 나 자신을 충전하고 현지 영어에도 익숙해져서 미국 취업 시장을 타진하는 방법이 순리처럼 보였다.

영주권을 받아서 학교에 다니게 되면 학교 등록금이 거의 외국 유학생의 절반 수준이다. 그러니 일단 어떻게 해서라도 영주권을 받는 것이 빠르고 안전한 길로 보였다. 간절하게 NIW의 승인 소식을 기다리며 승인이 나기 전까지 유학 준비를 해보자고 마음먹었다. 내 머릿속은 이미 한국을 떠나 미국에서의 삶의 활로를 내달릴 생각으로 가득했다. 영주권을 얻으면 조금은 마음 편하게 미국에서 공부하는 것이고, 혹여 얻지 못했을 때도 큰 비용을 감당하긴 해야 하지만 대비책으로라도 유학을 갈 수 있겠다고 생각해 실천에 옮겼다.

유학 고민은 이번이 처음은 아니다. 중학생 시절 가족과 가까운 분이 미국에 가시게 되어 부모님이 유학을 말씀하신 적이 있었고, 2년 3개월의 첫 직장 생활까지 뒤로하고 도전한 대학원의 석사 1학기가 지난 후, 생각보다 실망스러운 대학원 생활에 차라리 이럴 거면 유학을 갈까 고민한 적이 있었다. 실제로 같이 공부했던 한 박사 언니는 1학기 마무리 후 그 길로 유학길에 올랐었다. 하지만 나는 뭔가 유학길에 대한 확신이 들지 않았다. 그때는 유학이 막연한 동경의 대상이었다.

이제 세 번째 기회가 왔다. 한국에서 진행한 미국 영주권 신청은 실패했다. 가장 흔하고 전형적으로 미국에 가는 방법인 유학이라는 방법이 나에게 선택지로 놓였다. 유학 가서 미국에 이미 정착한 친구들에게 유학에 대해 꾸준히 물었었다. 언제일지 모르지만 언젠가는 나가서 공부하고 싶다는 생각을 했다. 이제 한국에서는 어느 정도 커리어를 쌓았고, 현재의 조직 생활에도 너무 신물이 나는 상태였다.

아쉽게도 유학을 준비하는 동안 나온 NIW의 결과는 좋지 않았다. 영주권이 되어서 학비도 절약하고 맘 편히 직업을 찾으면 좋았겠지만, 그렇게 흘러가지 않았다. 그럼에도 한국 직장 생활에 더 이상 미련이 없는 나에게 단 하나 남은 유학이라는 선택지는 매우 중요하고 유력한 전략으로 다가왔다.

✦ 학교 탐색 및 지원 조건 확인

내가 목표로 하는 전공은 친구가 말한 Business Analytics였다. 그 당시 이 전공은 한국에 없었다. 최근에야 서울대학교를 시작으로 연세대학교, 고려대학교 등에서 유사한 프로그램이 생긴 것으로 알고 있다. 미국 대학교의 경우 관련 학부를 전공한 후 직장 경험이 전혀 없거나 2~3년 정도의 경력이 있는 지원자를 주 대상으로 하고 있다. 서울대학교 데이터 사이언스 대학원의 경우는 지원자나 합격자 모두 학생부터 직장인까지 그 스펙트럼이 다양하고 기업 연계 프로그램도 많은 반면, 미국의 Business Analytics 석사 과정은 대부분이 순수 학위 과정이다.

Business Analytics를 키워드로 검색하니 관련 전공 프로그램과 미국 석사 과정이 잘 정리된 사이트를 찾을 수 있었다. 그 사이트를 기반으로 내가 무엇을 준비해야 하는지, 어디를 목표로 유학 준비를 해야 하는지 감을 잡을 수 있었다. 그 사이트에는 간단하게 학교 이름과 개략적인 석사 과정 소개, 프로그램의 주요 분야, 이수 학점, 온/오프라인 여부, 풀/파트타임 여부가 정리되어있었고 학교 이름을 클릭하면 해당 학교 Business Analytics 프로그램 사이트로 연결되어 더 자세한 내용을 탐색할 수도 있었다.

일단 나는 외국에서 한 번도 살아본 적 없는 여성으로서 친구가 근처에 살고 있고 추천한 Georgia Institute of Technology(이하 Georgia Tech)가 1순위였다. 그리고 당연히 미국에 정착할 생각을 하고 공부하는 것이므로 풀타임에 오프라인 과정이 필수였다. 풀타임 오프라인 과정은 대개 1년~1년 반 과정이었지만 온라인/파트타임의 경우는 2~3년 과정으로 오프라인이나 풀타임 과정보다 길었다.

　나는 컴퓨터 사이언스나 엔지니어보다는 비즈니스 쪽 데이터 분석가였으므로 너무 공대스러운 커리큘럼 과정보다는 비즈니스 성격이 접목되어 보이는 과정의 학교를 중심으로 사이트를 하나씩 클릭해보았다. 지원 데드라인은 Georgia Tech가 1월 1일, 다른 학교들은 1~3월까지 다양하였다. 학비는 약 5천만 원에서 1억 원 정도까지, 1년 과정인데도 등록금이 센 편이었다. 지원 자격은 4년제 대학 학사 학위가 있어야 하고 유효한 GRE 또는 GMAT 점수와 함께 International 학생의 경우는 TOEFL 또는 IELTS 시험 성적도 제출해야 했다. GRE/GMAT의 최소 지원 가능 점수는 없었지만, TOEFL은 모든 학교에서 최소 점수를 공지하고 있었다. 120점 만점인 IBT TOEFL에서 Georgia Tech는 100점 이상이어야 하고, 학교에 따라서는 최소 104점, 110점 이상을 요구하는 곳도 있었다. 그럼 최소 100점 이상의 TOEFL 점수를 받아야 했다. 학교에 따라서는 Reading/Listening/Speaking/Writing 영역별로 지원 가능한 최소 점수가 공지된 곳도 있었다. 그리고 분석 관련 전공인 만큼 선형대수, 전자계산학, 프로그래밍 언어 등이 선행 과목으로 되어있어, 관련 과목을 이수하지 않았다면 지원 자체에서 문제가 되는 경우도 있었고 입학 허가를 하더라도 입학 전에 선행 과목들을 이수하도록 권장하는 학교도 있었다. 나는 이과 출신이어서 선행 과목 관련해서는 문제가 없었다. 나에게 필요한 것은 지원을 위한 영어 점수와 GRE 또는 GMAT 점수였다.

✦ 본격적인 유학 준비

영주권 진행과 유학 준비 타임라인

영주권 신청(2018.10.)
유학 정보 탐색(2018.11.)
유학 준비 시작(2018.12.)
TOEFL 학원(2019.2.~2019.3.)
GRE 학원(2019.7.~2019.8.)
영주권 결과 통지(2019.11.)
대학원 지원(2020.1.~2020.3.)
대학원 결과 발표(2020.3.~2020.5.)
대학원 최종 결정(2020.6.)
학생 비자 발급(2020.7.)
대학원 생활 시작(2020.9.)

TOEFL과 GRE

대부분 학교는 연초에 지원서를 받으니 연말까지 필요한 시험 점수를 확보해야 했다. 나는 TOEFL과 GRE를 준비하기로 했다. 혹시 내가 나중에 다른 프로그램에 지원하게 되더라도 이 두 시험이 가장 많은 곳에 통용되기 때문에 도움이 될 것이라 생각했다. 먼저 유학 관련 사이트에서 선배들의 글을 읽으며 어떻게 이 시험들의 준비를 시작해야 하는지를 가늠해보았다.

TOEFL을 먼저 공부했다는 사람도 있고 GRE를 먼저 공부했다는 사람도 있었지만, GRE가 더 어려우므로 TOEFL을 먼저 끝내고 GRE를 공부했다는 것이 중론이었다. 사실 난 두 시험 다 공부해본 적이 없어 시험이 얼마나 어려운지 가늠하기 어려웠다. 대세를 따라서 TOEFL을 먼저 공부해 최대한 빨리 TOEFL 점수를 확보한 후에 마음 편하게 GRE를 공부한다는 계획을 세웠다. 대학원 지원 기간이 대부분 연초라 2020년 1월 1일을 시작으로 학교를 지원할 것이다. 그러니 2019년 한 해 동안, 되도록 상반기에 TOEFL 100점 이상을 확보하고 GRE를 하반기에 공부한 뒤 성적을 받아 대학원에 지원하는 쪽으로 가닥을 잡았다.

먼저 TOEFL이다. 십여 년 전에 유학을 간 친구들에게 TOEFL 공부 관련 내용을 물어보니 돌아오는 이야기가 같았다. "너 계속 영어 공부했는데 TOEFL 100점은 조금만 공부하면 무난히 받지 않을까?" 난 TOEFL 공부를 해본 적이 없으니 정확히 가늠할 수는 없지만 대학에 입학했을 때부터 거의 20년간 영어 학원을 다니거나 과외를 받아왔고, 언어 교환도 했으니 큰 어려움은 없으리라 생각했다. 나는 그룹 스터디는 별로 좋아하지 않고, 직장인이어서 학원 다닐 시간도 부족하니 최대한 독학으로 점수를 받자고 마음먹었다.

일단 TOEFL 시험이 뭔지를 알아야 하니 실전모의고사 문제집을 사서 Reading/Listening/Speaking/Writing 전 영역을 한번 풀어보며 시험 유형을 파악했다. 그리고 2019년 1월 12일에 첫 시험을 경험 삼아 봤다. 내 수준은 어느 정도인지 궁금했다.

81점. 내 목표는 괜찮은 대학들이 원하는 수준인 100점이니 거의 20점 차이가 난다. 나름 영어를 좀 한다고 생각했는데 충격이었다. TOEFL 시험 관련 글을 찾아보니 80점에서 100점으로 점수를 올리는 것이 60점에서 80점으로 올리는 것보다 더 어렵다고들 했다. 나는 무조건 100점을 확보해야 하니 영역별로 요령을 파악해서 점수를 올려야겠다고 생각했다.

그런데 문득 '이렇게 혼자 공부해도 괜찮을까?'라는 생각이 들었다. 프리토킹이 웬만큼 가능한 수준이지만 이건 시험이니 요령이 필요했다. 나는 직장인이라 절대적으로 시간이 부족하고 2019년 내에는 무조건 100점을 확보해야 하므로 '학원을 다니면 좀 더 빨리 점수를 획득하는 요령을 터득하지 않을까' 하는 생각에 학원을 알아보게 되었다.

유학으로 유명한 어학원 사이트를 가보니 여러 종류의 강의가 있었다. 먼저 주중에 진행되는 수업을 보니 주 3회 내지는 매일 퇴근 후에 가야 하는데 이건 미생의 라이프 스타일상 쉽지 않아 보였다. 시간이 되면 가고 안 되면 안 가서는 안 될 일이었다. 나는 인생을 걸고 유학 준비 중이었다. 그래서 두 달 완성 주말 집중반에 다니기로 했다. 토요일 오전 10시부터 저녁 6시 반까지 4개의 영역을 알차게 수업하는 일정이었다.

이 TOEFL 학원에 다닌 시간을 나는 최고로 행복한 시간 중 하나로 기억한다. 한국에서 대학원 졸업 후 거의 15년 만의 공부여서 모드를 전환하는 데 어려움은 있었지만 명확한 목표와 분명한 동기, 설레는 희망을 안고 나를 위해 투자한 시간이라 더없이 행복했다. 학원이 인사동에 있어서 두 달간 토요일은 인사동에서 보냈는데, 수업 중간에 있는 점심 시간에 인사동의 여러 식당에서 다양한 메뉴를 맛보며 인사동 맛집 탐방을 한다고 생각했다. 돈을 받으며 일하는 시간이 아니라 돈을 쓰면서 공부하는 시간이라 주중에 직장 생활을 병행해도 전혀 몸이 힘들지 않았다. 생각보다 TOEFL 점수 올리기가 쉽지 않아서 주중에도 학원 숙제와 개인 공부를 틈틈이 했다. 공부 시간이 절대적으로 부족한지라 주중에도 하루 최소 3시간씩은 공부하자고 마음먹고, 출퇴근 지하철에서 문제를 풀고, 점심에 회사 도서관에서 공부하며, 퇴근 후 아파트 도서관에서 공부하는 패턴으로 지냈다.

몸보다는 마음이 힘들었다. TOEFL 점수가 공부한 만큼 오르지 않았기 때문이다. 100점을 언제 달성할지 몰라 초조한 마음으로 공부하느라 정신적인 힘듦이 컸다.

TOEFL 학원 주말반 시간표(토)

2~3월에 학원을 다니고 어느 정도 준비가 되었다고 생각한 4월에 시험을 봤는데 점수가 생각보다 오르지 않아서 매우 실망했다. 일단 6월까지 최대한 시험을 많이 봐서 100점을 확보하고, 7~8월에 GRE 학원 주말반을 다니며 시험 봐서, 12월에는 대학원 지원 준비를 하자고 잠정적으로 목표를 세웠다. 공부는 노력한 만큼 결과가 나오기 때문에 인생에서 가장 쉬운 일이라고 말하기도 하는데 이놈의 TOEFL은 그렇게 공부를 해도 왜 이리 점수가 안 오르는지 너무 애가 탔다. 두 달 빡세게 공부해서 100점 이상 나왔다는 성공 수기를 TOEFL 관련 게시판에서 많이 접한 터라 더욱 속이 탔다. 이러다가 영원히 100점 달성하지 못하면 어떻게 하나 별별 생각이 다 들었지만 내가 그 상황에서 할 수 있는 건 공부를 더 해서 성적을 올리는 일이었다. 마음으로 정해놓은 마감시한인

6월이 왔음에도 그때까지 나의 최고 점수는 92점이었다. 조급한 마음에 혹시라도 TOEFL 100점이 되지 않으면 지원 자체가 불가능한 것인지 알아보기도 했다. 점수가 안 되더라도 합격한 사례가 있기는 했다. 그렇다고 이대로 TOEFL 공부만 계속할 수는 없었다. GRE 공부도 해야 했으므로 일단 계획한 대로 강남역에 있는 GRE 학원을 7월에 등록해서 두 달 집중 주말반을 다니며 공부했다. 5월 말쯤에 학원에서 주최하는 유학 설명회에 참석해서 TOEFL, GRE 관련 유학 선배님들의 합격 수기와 공부 팁을 듣기도 했다. TOEFL 110점, GRE도 높은 점수에 다들 정말 실력이 빵빵했다. Harvard University 합격, Cornell University 합격 유학 선배 등 참 수재가 많구나 우러러보면서 나도 얼른 고득점을 받고 싶다는 생각을 했다.

나의 TOEFL 점수 변화

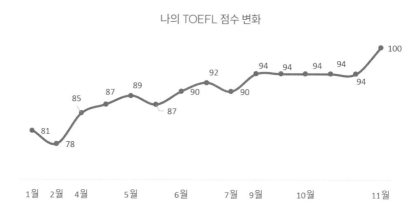

GRE는 Verbal, Math 그리고 Writing인데 Math는 한국에서 대학을 졸업한 정도면 어려울 수준은 아니라서 그냥 혼자 문제를 풀기로 했다. 그 외 Verbal과 Writing은 수업에 등록했다.

GRE 학원 주말반 시간표(토)

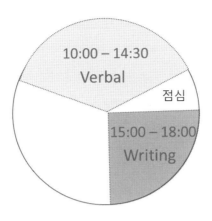

10:00 – 14:30
Verbal

점심

15:00 – 18:00
Writing

TOEFL이 GRE보다는 쉽다는 말이 많은데 나는 GRE가 더 어렵다고 생각되지는 않았다. 다만 스타일이 달라 다른 유형의 공부가 필요한 시험이었다. 이 시험은 TOEFL과 달리 단순히 언어 능력을 측정하는 시험이 아닌 대학원에서 공부할 준비가 되어있는지를 보는 시험이어서 영어권 학생들도 준비한다고 한다. Verbal은 영어 어휘력에 대한 측정이고, Math는 기본적인 수리 능력, 그리고 Writing은 논리적으로 자신의 견해를 글로 서술할 수 있는지를 보는 영역이다.

GRE 학원을 다니면서 유학 준비생들을 존경하게 되었다. 주말반 GRE 수업은 오전 10시부터 4시간 30분 동안 Verbal 수업으로 진행되었다. 중간에 두 번 정도 쉬는 시간이 10분 정도로 잠깐 주어지고, 2시 30분이 되어서야 수업이 끝나서 점심을 제때 먹을 수 없었다. 초콜릿 등 간식을 책상 앞 또는 가방에 넣어두고 수업 중간중간에 먹어가면서 공부하는 모습을 보며 전우들을 존경하게 되었다. 나는 그래도 직장을 다니면서 준비하는 거지만 이들 대부분은 학생으로 이 전장에 올인하고 있었다. 그래서 더욱 존경스럽다는 생각과 함께 나의 상황은 그래도 그들보다는 낫다는 생각으로 감사하며 공부하게 되었다. 또 4시간 30분간의 살인적인 강의 스케줄에도 쉬지 않고 열정적으로 강의하는 강사님의 모습도 정말 대단해 보였다.

Verbal은 『거의 만점 어휘집』(일명 거만어)이라고 GRE 쪽에서는 유명한 어휘집으로 공부하며 주중에도 틈틈이 문제를 풀었다. GRE의 Verbal에서 공부하는 단어가 시험용 단어지 평소에 쓸 일은 없는 단어라고 들었는데, 어휘력이 부족하지만 미국에서 공부하고 취업할 꿈을 꾸는 사람으로서 꼭 필요한 공부라고 생각했다. 실제로 미국에서 직장 생활을 하면서 종종 그때 공부한 단어가 쓰이는 경험을 해서 시험용 공부였다고만 생각하진 않는다.

Writing 영역은 좀 어려웠는데 단순한 언어 시험이 아닌 글쓰기 능력을 보는 시험이다 보니 주제에 대한 시사적인 지식이 필요했다. 일단 학원에서 배우는 부분이랑 강사님이 내주시는 숙제를 열심히 하며 공부했다.

Verbal과 Math는 170점 만점에 최소한 150을 넘어야 지원할 수 있는 수준이고, Writing은 6점 만점인데 4~5점을 받아야 했는데 이 4~5점 나오기가 쉽지 않다. 4~5점을 받기 위해 시험공부를 하는 듯했다. GRE의 경우, 시험 점수가 나오는 동시에 Percentile이 같이 표시되어 같이 응시한 수험생 중에서 내 수준이 어느 정도인지 가늠할 수 있다.

2개월간 학원을 다니고 8월 말에 첫 GRE 시험을 봤다. 생각보다 시간이 촉박했다. Verbal은 배운 거나 기출 문제 중에서 나온 문제가 꽤 있어서 자신 있게 푼 문제들이 좀 있었고, Math는 중학교 수학 정도의 수준이라 모르는 문제는 없었지만, 시간이 모자랐다. Writing은 짧은 지식의 한계를 극복하기 위해 아는 모든 지식을 총동원해서야 작성할 수 있었다. 참 만만하지가 않은 시험이었다. 일단 첫 시험의 결과는 'Verbal/Math/Writing(154/156/3.0)'이었다.

8월 말 나의 상황은 TOEFL 92점, GRE 154/156/3.0이었다. 일단 지원 가능 최소 점수가 있는 TOEFL에서 100점을 받아야만 했다. 연말까지 4개월밖에 남지 않은 상황에서 마음이 너무 답답했다. 공부는 계속하고 있는데 성적은 오르지 않았고, 회사 생활로 공부 시간은 항상 부족했다. 하지만 내가 할 수 있는 일은 계속 공부하는 것밖엔 없었다. 문제를 풀고 틀린 부분을 점검하며 최대한 시험을 많이 봐서 빨리 TOEFL을 먼저 끝내고 GRE로 넘어가기로 했다. TOEFL은 2주에 한 번씩 볼 수 있으므로 2주마다 시험을 봤다. 나는 수능보다 TOEFL이 더 어렵게 느껴졌다. 뭔가 공부해도 성적이 안 오르는 거 같았다. 시간도 오전 10시경부터 거의 4시간 동안 집중해서 영어를 씹어 먹어야 하는 시험이라 끝나고 나면 몸속 피가 다 빠져나가는 것 같았다. 수능은 전업이 학생인 상태로 보는 시험이었고, 이 TOEFL, GRE 시험의 경우는 전업은 직장인인데 미래를 위해 전업 수준으로 공부해야 한 것이라 더 힘들게 느껴졌는지도 모른다. 그렇게 속 타는 9월, 10월이 지나고 11월이 왔다. 11월 초에 나는 청천벽력 같은 영주권 거절 소식을 듣는다. TOEFL 점수는 아직 100점이 안 되고 GRE 시험은 한 번밖에 못 본 상태에 영주권 거절 소식까지 듣게 된 것이다. 인생이 정말 맘대로 되질 않았다. 하지만 나에겐 영주권 거절로 좌절하고 슬퍼할 시간이 없었다. 영주권 거절이 다가오는 미국 학생 비자 신청에 문제가 되지 않는지만을 빠르게 확인하고 다시 열공 모드로 돌아가야 했다.

2019년 11월 23일 토요일, 나는 평정심을 되찾고 여느 때와 다름없이 TOEFL 시험에 대비하여 실전 모의고사를 풀고 있었다. 핸드폰 진동이 울리고 이메일 도착 알람이 들렸다. 바로 일주일 전에 본 TOEFL 시험 결과였다. 그때까지의 최고 점수는 94점, 만약 100점이 안 되면 그냥 94점을 제출하자고 생각하고 있었고, 12월이 코앞이라 GRE 시험은 더 이상 공부하지 않고 대학원 지원 준비를 하자고 마음먹었다.

나는 이제 이 TOEFL 결과 이메일을 받는 데 너무나도 익숙해져서 무심코 이메일을 오픈했다. 100점! 드디어 TOEFL 점수 100점을 받았다. 나는 울고 말았다. 그러곤 보고 있던 TOEFL 문제집을 집어 던졌다. 바로 찜질방으로 가서 몸을 녹였다. 너무너무 기뻤다.

이제 남은 것은 GRE 시험이다. 가장 취약한 부분이 Writing인데 이제 11월 말이니 내가 공부할 수 있는 기간은 시험 후 성적이 나오는 시간까지 감안하면 한 달 이내였다. Writing 점수가 그동안 드라마틱하게 오를 거 같지는 않았다. 인터넷에서 이런저런 GRE 관련 글을 찾아보았다. 이과 관련 전공의 경우 Writing을 3점 받고도 Columbia University 석사 과정에 붙었다는 얘기도 있는 걸 보니 Writing이 이과 전공의 경우 결정적인 요소로 작용하지는 않는 것 같았다. 하지만 내가 입학 허가 심사위원이 아니니 이 또한 확신할 수는 없었다. 게다가 대학원 지원을 위해 추천서도 제출해야 하고 에세이도 써야 하는지라 GRE는 지난 8월에 본 시험을 처음이자 마지막으로 하고 학교 지원 준비에 매진하기로 했다.

제목: 직장인 토플러 100점 달성 후기

안녕하세요! 저도 후기를 남길 수 있게 되는군요. 올해 1월에 첫 시험 보고 81점 받았었어요. 그리고 15번째 시험에서 100점 받아서 졸업합니다.

저는 직장인이에요. 그래서 공부할 시간도 많이 없고 정신적으로도 너무 힘들었습니다. 처음에 TOEFL 공부한다고 할 때 친구들이 그냥 두세 달 하면 100점 따지 않겠냐고 했습니다. 졸업한 지 10년도 넘은 터라 제 친구들은 문법시험이 있을 때 TOEFL을 쳤었고 다들 학생 때 공부한 거였죠. 이렇게 오랫동안 TOEFL을 공부할 거라고는 생각도 못 했습니다. 평소에 영어 쓸 일도 있고, 원래도 못하는 편도 아니었고, TOEIC은 900점이 넘었었으니….

제가 본 시험 중에 가장 힘든 시험에 속하는 시험인 거 같아요, TOEFL이. 내용을 공부하는 게 아니라 시험에 익숙해지고 요령을 터득해야 하는 거라서요. 직장인인 관계로 시험을 최대한 많이 보면서 최대한 빨리 졸업하는 게 저의 목표였습니다. TOEFL 때문에 고통받을 분들 특히 직장인분들을 위해서 몇 가지 말씀드리려고 해요.

지금 와서 후회하는 건 처음부터 학원을 가지 않은 것입니다. 직장인분들 중에 시작하시는 분이 있다면 빨리 학원부터 등록해서 요령을 익히라고 말하고 싶네요. 전 독학 좀 하다가 학원에 갔거든요. 처음부터 학원을 갔더라면 시간을 단축할 수 있지 않았을까 싶습니다. 학원에서 가르쳐주는 요령이라는 게 초반에 무시 못 하는 거 같아요. 전 해커스 주말반 다녔어요.

그리고 TOEFL은 자기 자신과의 싸움인 거 같습니다. 언제 점수 달성이 될지 모르니까요. 저도 처음에 81점으로 시작해서 공부 좀 하니 85, 87… 정체기… 94, 94, 94, 100. 점수가 하는 만큼 안 오르는 거 같아서 너무 힘들었어요. 하지만 꾸준히 공부하는 것만이 답인 거 같습니다. 답답해도 할 수 있는 건 차근차근 문제를 풀고 틀리는 부분을 알아가는 것…. 이거 말고는 방법이 없는 거 같아요. 그 과정에서 답답한 마음을 극복하는 것이 관건인 거 같아요. 저는 TOEFL이 약간 정신 수양 시험 같다는 생각도 했어요. ㅎ

공부 기간 관련, 여러 게시판을 보면 두 달, 세 달 만에 점수 획득했다는 분들도 많은 거 같은데, 그 기간이라는 게 하루에 8시간 이상씩 공부하는 것을 말하는 거 같습니다. 전 직장을 다니니 하루에 많이 공부할 수 없었어요. 그래도 처음엔 하루에 3~4시간으로 시작해서 여름 이후엔 최소 5시간은 하자고 생각했어요. 절대적으로 시간이 부족한지라 출퇴근 지하철, 회사에서 휴식시간 등을 활용해서 틈만 나면 공부했어요. 7~8월 GRE 공부할 때만 빼고요. TOEFL을 예전에 공부했거나, 외국에서 살았거나 그런 경우가 아니라면 공부 기간을 넉넉히 잡으시고 여유 있게 도전하시는 게 좋을 거 같아요.

공부 방법 관련은 다른 게시판에도 노하우들이 잘 나와 있고 전 사실 특별한 건 없습니다. 저의 실력에 맞게 부족한 부분을 채우는 데 집중했어요. 시험 보고 성적 보고 부족한 부분 전략 짜고, 보충하고…. 하지만 공통적으로 말씀드릴 부분은 공부를 많이 하셔야 한다는 거에요, 시간을 많이 투자해야 하는 거 같습니다. Reading 같은 경우는 문제집을 거의 10권 정도 푼 거 같아요. 초반에 공부할 때는 Reading, Listening 위주+Writing 공부하면서 요령을 익혔는데 그때는 Reading 본문 하나, Listening 지문 하나에도 시간이 오래 걸렸어요. 그러다가 Writing 공부 비중 늘리고 마지막에는 하루에 Reading 지문 3개, Listening 1세트 이상, Speaking 모든 유형 1회, Writing 독립/통합 중 하나 번갈아가며 쓰기 그리고 시험 전날은 컴퓨터로 문제 풀기…. 이렇게 공부했어요. Listening이 좀 약해서 요새 그거 집중적으로 시작했는데 이제 공부는 더 이상 안 하게 되었네요. 저는 Listening 다 들리는데 문제 풀기가 안 되는 유형이어서 그 부분 위주 공부하고 있었어요.

TOEFL 공부하시는 분들 답답한 마음 극복 잘하시고 원하는 점수 얻으시길 바랍니다. 감사합니다.

대학원 지원

대학원 지원 필요 항목

1	TOEFL 성적
2	GRE 성적
3	SOP(Statement of Purpose)
4	CV(Curriculum Vitae)
5	추천서
6	추가 에세이
7	학사 성적표
8	학사 학위증
9	성적 공인인증서(ex. WES)
10	지원 수수료

공부하고 TOEFL 점수를 만드느라 지원서 작성이 큰 노력이 드는 부분이라 생각하지 않았었는데 막상 지원하려고 보니 이것도 상당한 수고가 드는 과정이었다.

나는 처음부터 Georgia Tech를 목표로 공부했다. 보통 세 곳 정도 학교를 지원한다고 해서 Business Analytics 전공이 있는 학교의 사이트를 보면서 어떤 곳에 더 지원할지 탐색했다. 지금 생각해보면 당시 대학원 합격에 대해 너무 낙관했던 거 같다. 왜냐면 미국에서 순위가 높고 좋다고 분류되는 학교 세 곳만을 골라 지원했기 때문이다. TOEFL 지원 가능 점수가 내 점수에 부합하고 동시에 너무 엔지니어나 컴퓨터 공학 쪽 전공이 아닌 비즈니스 쪽에 가까운 Business Analytics 프로그램이 있는 학교, 또 되도록 너무 시골이 아닌 학교를 탐색한 결과 Georgia Tech를 포함하여 Carnegie Mellon과 Duke University에 지원하기로 했다. 지금 생각하면 그 근자감에 정말 웃음이 나온다. '그래도 세 곳 중 한 곳은 되겠지'라고 생각했었다.

지원서 작성 과정은 학교마다 제각각이어서 그에 맞춰 작성하여 제출해야 했다. SOP(Statement of Purpose)만 제출해도 되는 학교가 있는 반면 추가적인 질문에 대해 짧은 에세이를 써서 지원 시 같이 제출해야 하는 곳도 있었다. 기본적인 SOP를 하나 만들어놓고 지원하는 학교에 맞게 수정하며 학교별 지원서를 완성해야 했기에 혹시라도 내용을 복사하고 붙여넣다가 다른 학교 이름을 잘못 쓰는 일이 없도록 주의해야 했다. SOP 작성을 위해서 학원을 다니는 학생들도 있는 것 같은데 나는 그냥 인터넷에서 최대한 정보를 찾아 나만의 독창적인 내용으로 작성하기로 했다. 상대적으로 SOP 작성이 어렵지 않았던 것은 한국에서 미국 영주권 신청을 할 때 각종 추천서에 나의 업적을 정리한 것이 있었고 내 소개서라든가 미국 활동계획서를 영어로 작성했었기 때문에 그 내용을 충분히 활용할 수 있었다. 학교에 따라서는 선행 과목이 있는 경우도 있어서 그에 관해 확인하는 내용도 지원서에 있었다.

대학원 지원 시에도 추천서가 필요했는데 학교에 따라 2~3개를 반드시 요구했다. 사실 이 추천서 부분에서 걸려 내가 지원하려던 학교를 지원하지 않게 되기도 했다. 예를 들면 MIT에도 Business Analytics 과정이 있는데, 추천서 3개 중 2개를 꼭 교수님에게 받아야 했다. 나는 학교를 졸업하고 직장을 다닌 지 15년도 더 된지라 그냥 교수님께 추천서 1부를 받고 2부를 직장 상사나 멘토에게 받아서 제출하려다가 MIT에 이메일을 보내서 내 상황을 설명하고 교수님 추천서는 1부만 받아도 되는지 물어보았다. Business Analytics 담당자가 정중하게 회신을 했는데 이과정은 직장 경력 2~3년 정도의 지원자를 타깃으로 하는 프로그램이라 나에게는 MBA 과정을 추천한다고 하면서, 어떤 조건에도 반드시 2부의 추천서는 교수님께 받아야 한다고 했다. MIT는 명성이 높은 학교지만, 이메일을 받아보니 지원한다고 해도 입학 허가를 받기는 쉽지 않을 거 같아 지원하지 않기로 했다. 이렇게 교수님 추천서 2부 이상, 학부 성적 GPA가 일정 점수 이상, TOEFL 104점 이상 등의 조건들이 붙는 학교는 자연스럽게 나의 지원 리스트에서 탈락했다.

나는 추천서를 대학원 시절 지도교수님과 직장 상사 두 분에게 받았다. 추천서 제출 과정은 다소 번거로웠다. 대학원 지원서에 추천인의 이메일까지 함께 작성하여 제출하면, 지원서 접수 확인과 동시에 학교에서 추천인들에게 안내 이메일을 발송했다. 그러면 추천인은 그 이메일을 확인하고 해당 링크에 직접 사인한 추천서를 업로드해야 했다. 학교에 따라서는 추천서 제출과 함께 몇 가지 질문에 대한 답도 작성해야 했다고 전해 들었다. 추천인들이 번거로운 작업을 해야 하고, 시간을 뺏는 거 같아 죄송한 마음이었다. 나의 경우는 미국 영주권 신청 때 추천서를 진행해주신 분들이 대학원 지원 시에도 또 도와주셔서 더 죄송하고 민 망했지만 그들의 도움 없이는 지원할 수 없었기에 죄송함을 무릅쓰고 부탁드렸다.

성적표는 학교에 따라 학교 사이트에서 다운로드받은 Unofficial Transcript로 제출이 가능한 곳도 있었고 WES(World Education Services) 같은 기관에서 인증을 받은 공식 성적표만 제출이 가능한 학교도 있었다. 성적 인증은 내가 보낸 하드카피본의 성적증명서와 학위증명서를 토대로 인증기관에서 진위를 확인해 학교에 통보해주는 것인데, 이 WES 웹사이트에 내가 지원하는 학교의 코드를 입력하면 인증기관에서 자동으로 내 학위 및 성적 내용을 지원 학교에 전달하는 시스템이었다. Electronic 또는 우편 버전 중 선택할 수 있었다. 비용은 300달러 정도로 다소 비쌌다.

내가 대학원에 지원한 시점인 2020년에는 코로나가 터져 GRE가 면제되는 학교들이 생겨났다. 코로나로 GRE 시험 일정이 예전보다 축소되고 변경되어 유학을 준비하는 학생들이 제때 시험을 볼 수 없는 사례가 생겼기 때문이었다. 더욱이 코로나로 인해 많은 유학 준비생이 유학을 주저하게 되면서 학교들이 좀 더 파격적으로 지원 조건을 수정하는 경우들도 생겼다.

모든 서류를 다 준비하고 지원 비용을 지급하면 비로소 대학원 지원이 완료된다. 학교마다 수수료는 달랐지만 80~130달러 수준의 수수료였는데, 한 학교만 지원하는 게 아니다 보니 지원자 입장에서는 상당한 비용이 들었다.

1월 초에 재빠르게 세 곳 학교의 지원을 끝냈다. Carnegie Mellon의 경우는 서류 지원이 완료된 후 비디오 면접이 있었다. 정해진 기간에 비디오 면접을 위한 링크가 이메일로 제공되고, 연습도 할 수 있었다. 연습용 버전을 시작하면 질문이 주어지고 컴퓨터 카메라를 통해 내가 대답하는 모습이 녹화되었다. 문제당 제한 시간이 90초였던 것으로 기억한다. 비디오 면접의 여러 목적이 있겠지만 비영어권 학생들의 영어 준비성을 확인할 방법이기도 했을 것이다. 유튜브에 검색하면 쉽게 관련 면접 영상을 접할 수 있어서 미리 연습해 볼 수 있었다. 질문은 '왜 이 과정을 지원했나', '이 과정을 마친 후 어떻게 활동할 계획인가' 등의 기본적인 사항에서부터 구체적인 상황에 대해서까지 다양했다. 심각하거나 어렵지는 않았다. 다만 한번 시작하면 멈추거나 다시 할 수는 없다. 나는 예상되는 질문들로 연습을 좀 하고 실전에 임했다. 내게는 같이 일하는 것이 좋은지 혼자 일하는 것이 좋은지 물었던 기억이 난다.

나는 세 곳 학교 지원 후 그간 TOEFL, GRE 시험을 공부한 나의 노고를 치하하며 여행도 다니며 쉬는 시간을 가졌다. 대학원 합격 결과는 보통 2월 말~3월 초에 나오니 그때까지 좀 쉬면서 결과를 기다려보자며 느슨하게 지내고 있었다.

1차 대학원 지원 결과 통보 그리고 추가 지원

2020년 3월 5일, 아침에 출근하려고 일어나 우연히 핸드폰을 보니 Georgia Tech 입학 결과가 나왔다는 이메일이 와있었다. 두근두근… 긴장되는 마음으로 이메일을 열어서 결과 링크에 로그인했다. 'Thank you for applying… We regret to inform you that…' 이런 단어들이 포함된 불합격 내용이었다. 청천벽력 같았다. 영주권 신청도 안 되었는데 목표로 했던 Georgia Tech에도 불합격했다. 3월 14일에 Carnegie Mellon, 3월 12일까지 최종 결과가 나온 Duke University도 모두 불합격했다. 당차게 목표로 한 세 곳 학교에 다 떨어졌다. 뭔가 준비를 하고 노력을 했는데 이렇게 연속으로 실패한 것은 인생에서 처음 경험하는 일이었다. 마음이 너덜너덜해졌다. 하지만 이번에도 마음이 너덜너덜한 채로 있을 시간은 없었다. 지원 기간이 남은 학교들을 대상으로 이제 마구잡이, 합격을 바라는 마음으로 지원했다. TOEFL 성적이나 다른 조건들이 맞는 곳을 허겁지겁 리스트해서 지원했다. 기존 세 곳 대학에 지원하면서 준비한 SOP, 에세이를 충분히 활용해서 여러 학교에 지원해나갔다. 나 자신이 조금 불쌍해졌다. 자신만만하게 '세 곳 대학 중 한 곳은 걸리겠지' 하는 오만한 마음으로 결과를 기다리던 자세에서 '어떤 대학이라도 붙게 해준다면…' 하는 상황으로 전세가 역전되었다.

결론적으로 나는 급하게 선정한 다섯 학교에 추가 지원하게 되었다. 그 추가 다섯 학교 중 네 곳은 내가 인터넷에서 검색해 선정한 학교들이었고, 나머지 Hult International Business School(이하 Hult)이라는 학교는 처음 들어본 학교인데 내가 원하는 Business Analytics 과정이 있는 데다 꾸준히 마케팅을 해오길래 절박한 마음에 일단 최후의 보루로 지원해보기로 했다. Rochester University의 경우 온라인 지원서를 클릭하면, '이 과정은 직장 경력 2년 미만의 지원자를 주 대상으로 한다'는 문구가 팝업으로 떴고 그 내용을 읽었음을 확인하게 되어있었다. 그만큼 경력이 많은 지원자도 이 과정에 많이 지원하는구나 싶어 더 매력을 느끼게 되었다. 우선 나는 이미 15년 정도의 경력이 있는지라 이메일로 담당자에게 이 부분에 대한 문의를 했다. Rochester University 역시 나에게 MBA 과정을 추천했다. MIT만큼 강경한 톤은 아니었기 때문에 Business

Analytics 과정을 소신 있게 지원하기로 했다. 정말 지푸라기라도 잡는 심정으로 빠르게 지원서를 작성해나갔다. 한 가지 어려움은 세 곳 대학원을 1차 지원했을 때 추천서를 부탁했던 분들에게 다시 도움의 손길을 요청해야 하는 것이었다. 송구스러운 마음이 컸지만, 급하고 절박한 상황이어서 다시 한번 도움을 청할 수밖에 없었다. 그렇게 나는 마감기한을 넘기지 않기 위해 빠르게 지원 서류를 준비하며 지원을 해나갔다.

먼저 Rochester University의 경우, 대학원 지원 과정 중 인터뷰 과정이 있었다. 30분간의 인터뷰였는데 나는 한국에 있고 대학원은 미국 동부여서 시간 맞추기가 어려워 오후 11시(한국 시각)에 진행하게 되었다. 인터뷰를 진행하는 사람은 그 당시 그 대학의 MBA 재학생이었다. 미리 준비된 질문들이 있는 듯 보였고 내게 던져진 질문들에 하나씩 답해나갔다. 그렇게 4월 14일에 인터뷰를 마치고 5월 15일에 내가 대기자 명단에 올라있다는 이메일을 받았다.

그사이 나는 가장 안전빵인 Hult에 지원하고 면접을 진행했다. 이 학교는 아시아에는 상대적으로 잘 알려지지 않은 학교다. 실제로 내가 다녀보니 유럽이나 아프리카 지역 출신 학생이 많았다. TOEFL, GRE 시험을 등록하는 순간부터 계속 이 학교에서 마케팅 이메일이 왔었는데 그때는 이 학교를 쳐다보지도 않았다. 하지만 절박한 상황이 되고 보니 이 학교에도 눈이 갔고, 이 학교는 다른 학교들처럼 전형과정이나 입학 지원 마감이 타이트하지 않고 3월 마감기한, 4월 마감기한 등 계속 지원자를 뽑는 것으로 보였다. 다만 일찍 지원해서 입학 허가를 받게 되면 장학금 등의 혜택을 받을 수 있었다. 나는 이 학교를 최후의 옵션으로 활용할 생각으로 지원했고, 지원 후 바로 면접을 1시간가량 봤다. 입학 관련 면접관이 따로 있어서 Skype로 연결하여 면접을 봤다. 생각보다 면접이 빡셌다. 내 이력서의 다양한 업무 경력에 대해 굉장히 자세하게 물었고 하나하나 만만치 않은 질문이었다. 사실 마지막 수단으로 활용할 학교였는데 면접을 보면서 생각보다 괜찮은 학교라는 느낌을 받았다.

Columbia University는 우리가 다 아는 학교다. 내가 이것저것 따질 상황은 아니었지만, 유명한 학교임에도 불구하고 뉴욕에 있다는 것이 내심 석연치가 않았다. 난 뉴욕을 거주 지역으로 적합하다고 생각하지 않았기 때문에 내가 홀로 뉴욕에서 공부하며 살 것을 생각하면 뭔가 마음 한편이 갑갑했다. 아무튼 나는 Columbia University도 지원을 했었는데, 지원하는 과정에서 왠지 합격하지 않을까 하는 느낌을 받긴 했다. 왜냐하면 내가 낸 한국 대학원 성적증명서 내용 중 한 과목이 이화여대에서 교환 수업으로 들은 과목이었는데, 그 과목에 대한 이화여대 증명서를 요구하는 이메일을 받았기 때문이다. 이 때문에 이화여대 성적증명서 담당자랑도 여러 번 통화하며 증명서를 받아 학교 측에 제출했다. 나를 합격자로 고려한 것이 아니면 이렇게 한 과목에 대한 증명서까지 따로 요구하지는 않을 것 같아서 조심스럽게 합격을 짐작했다.

대학원 최종 선택

지원 시기	학교	프로그램	지원 마감	결과
2020.1.	Georgia Institute of Technology	Master of Science Analytics	1.1.	×
2020.1.	Carnegie Mellon University	Master of Information Systems Management: Business Intelligence & Data Analytics	1.15.	×
2020.1.	Duke University	Master of Quantitative Management	1.15.	×
2020.3.	UC Davis	Business Analytics	3.15.	×
2020.3.	Columbia University	Applied Analytics	3.15.	○
2020.3.	Hult International Business School	Business Analytics	–	○
2020.3.	North Carolina State University	Advanced Analytics	3.31.	×
2020.3.	Rochester University	Marketing Analytics	3.31.	Waiting List

결국 나는 Columbia University와 Hult에서 합격 통보를 받았고, Rochester University에서는 대기자 명단에 올라있다는 연락을 받았다. 내가 직장 경력이 없었다면 당연히 Columbia University를 선택했을 것이다. 그러나 당시 코로나로 많은 학교가 온라인 수업을 하는 상황이었고, 그중에서도 뉴욕은 코로나가 가장 심한 주여서 온라인 수업이 매우 유력한 곳이었다. Columbia University는 학비도 거의 1억 원 정도에 달했고 뉴욕이니 당연히 생활비도 많이 들 것이었다. 하지만 많은 학생이 가고 싶어하는 학교다. "석사 어느 학교에서 했어?"라는 질문을 받았을 때 "Columbia University에서 공부했어"라고 대답한다면 참 멋있고 우쭐할 것이다. 후에 취업할 때도 Columbia University라는 브랜드는 내 이력

서를 반짝반짝 빛내줄 것이다. 하지만 뉴욕에 가서 살고 싶지 않은, 말로 설명하기 힘든 느낌이 있었다. 맨해튼의 칼바람을 맞으며 혼자 너무 힘들고 외로울 것 같은 느낌적인 느낌. 많은 관광객이 오가는 화려한 도시에서 내가 공부를 하며 행복을 느낄 수 있을지에 대한 근원적인 의문이 있었다. 만약 온라인 수업이 확정된다면 유학은 나에게 무의미하므로 그것은 내가 Columbia University를 선택할 수 없는 강력한 이유가 되었다. 학교는 온라인 수업을 확정하지는 않고 코로나 상황을 보며 오프라인 수업에 대한 여지만 남기는 중이었다.

반면에 Hult는 일단 마케팅 활동이 세계 최고 수준이라고 칭찬하고 싶다. 나는 이런 학교가 존재하는지도 몰랐다. 하지만 지원하고 면접을 보면서 결국 나의 최종 고려 카테고리에서 갈까 말까를 고민하는 학교가 되었으며 결론적으로 내가 선택한 학교가 되었다. 그런 상품이 있는지도 몰랐는데 그 상품을 최종적으로 구매하게 하는 건 마케팅의 궁극적 목표이며 최고 경지가 아닐까? 이 학교는 두바이, 런던, 상하이, 보스턴, 샌프란시스코에 캠퍼스가 있어서 마지막 학기의 선택 과목은 다른 나라나 도시 캠퍼스에서 들을 수 있다는 매력적인 옵션이 있다. 학비가 다른 학교에 비해 상대적으로 싸며 장학금을 미리 제시한 상태이므로 거의 Columbia University의 절반 정도 수준만 부담해도 같은 11개월 과정의 Business Analytics 석사 학위를 딸 수 있었다. 보스턴은 한 번도 가보지 않은 도시이지만 다들 무척 좋다고 하니 가서 살아보고 싶다는 생각도 들었다. Hult를 나왔다고 하면 다들 잘 모를 테니 그에 따른 애로 사항(?)이 조금 있을 것이고 이력서도 덜 빛나긴 할 것이다. 사실 지금도 가끔 누가 물어볼 때 보스턴에서 공부했다고 하면 어느 학교냐고 물어보는 사람들이 있는데 그때마다 조금 난감하다. 그들의 눈빛에서 MIT,

Harvard University 같은 이름을 기대하는 마음을 읽는다. 그래서 나는 대답 제일 앞에 이런 말을 붙인다. "Harvard University나 MIT같이 유명한 학교는 아니고…."

내가 업무 경력이 없는 신입 수준이었다면 사실 Hult는 고려할 학교가 아니었다. 하지만 나는 업무 경력이 많았고 학교 브랜드가 매우 중요한 상황은 아니었다. 재정적으로 Hult가 좋은 조건인 것도 맞았고, 무엇보다 보스턴 캠퍼스의 경우 무조건 오프라인 수업으로 진행한다고 했다. 그 점이 무척 매력적으로 느껴졌다. International School이니 다양한 나라의 학생이 있어서 좀 더 외국인에 친근한 느낌으로 학교생활을 할 수 있지 않을까 생각도 들었고, 이름 없는 학교라 설렁설렁할 줄 알았는데 입학을 위한 면접을 할 때 수준을 보니 그렇게 수준이 낮은 학교도 아닌 것 같아 보였다. 학교 브랜드 빼고는 Hult가 가장 마음에 들었다. Columbia University라는 이름은 매우 매력적이지만 선택한다면 왠지 후회할 것 같은 느낌이 들었다. 나는 나의 마음이 시키는 대로 Hult를 선택했다.

코로나로 유학생들이 외국으로 공부하러 떠나는 것을 다시 한번 고려하면서 미국 대학 유학생이 많이 줄어든 상황이었다. 내가 한국의 모든 안정적인 조건을 버리고 코로나 시국에 미국행을 택하는 것에 대해 우려를 표하는 이들도 많았다. 하지만 인생의 시간은 유한하고 이 코로나가 언제 끝날지 아무도 확실히 알 수 없었다. 나는 40대고, 유학을 가서 정착하려면 하루빨리 가야 했다. 내 마음은 이미 한국을 떠났으므로 후회하지 않으려면 '무조건 GO'를 외쳐야 했다.

가장 큰 난관, 학생 비자 받기

지금까지의 여정도 쉽지는 않았지만 학교 측에서도 말하듯 가장 큰 난관이 학생 비자 받기였다. 하필 코로나로 미국 대사관의 인터뷰가 모두 보류되었다. 언제 재개될지 모르는 안갯속에서 인터뷰가 재개된다 하더라도 그동안 밀린 인터뷰들이 파도처럼 몰려들 것이라 그 또한 불안했다. 내가 선택한 Hult에서는 내가 입학 허가를 받자마자 비자팀 담당자가 이메일로 연락이 와서 학생 비자 준비 관련 사항들을 알려주고 대사관의 비자 인터뷰 재개 상황에 대한 세계적인 동향에 대해서도 귀띔해주었다. 학교 입학 허가를 받았지만 비자를 받지 못하면 유학은 무산된다. 마지막 가장 크고 중요한 관문이었다. 큰 무리가 없다면 비자를 받아서 유학을 갈 것이지만, 그렇다고 아직 비자가 나오지 않은 상황에서 한국 생활을 정리하고 유학 갈 날만을 기다리고 있을 순 없는 일이었다.

비자를 받는 데 몇 가지 우려되는 부분도 있었다. 지난번 영주권 신청을 하고 거절당한 이력이 혹시라도 학생 비자 신청에 영향을 미치지는 않을까 걱정이었다. '과거에 이민 오려던 사람이 이번에 학생 비자를 요청하네? 너의 숨은 의도가 뭐니?' 하고 나올까 봐 걱정이었다. 다른 하나는 나이 40이 넘은 싱글이 미국 유학을 간다는 것 자체에 다른 의도가 있는 것으로 보고 비자 승인을 재고할까 봐 걱정이었다. 영주권 신청도 떨어지고 원하던 Georgia Tech도 떨어지고 나니 미국 유학에 모든 희망을 걸고 있던 나로서는 아주 작은 부분도 걱정되었다. 혹시라도 이 학생 비자를 받지 못하게 된다면… 더 이상 남은 계획은 없었다. 어떻게든 또 방법을 강구하고 꾸역꾸역 살아가겠지만, 그건 생각하기도 싫은 끔찍한 시나리오였다. 매일 미국 대사관 인터뷰 동향을 살피고 인터뷰 예약 사이트를 수시로 들락날락하며 어서 학생 비자를 성공적으로 받길 바랐다. 코로나가 아니라면 진작 비자를 받은 뒤 여유 있게 한국 생활을 정리하면서 계획했던 발리 한 달 살기도 했을 텐데 그런 것은 언감생심이었다. 트럼프 대통령의 코로나 대응 상황을 지켜보며 인터뷰 재개를 바라던 중 대만을 시작으로 미국 대사관의 인터뷰 예약이 재개되었다. 나는 최대한 빠른 인터뷰 예약 날짜를 잡았다.

7월 27일 월요일 오전 10시. 코로나의 영향으로 미국 유학이나 출장 등이 보류 또는 취소되는 상황이라 인터뷰 줄이 길지는 않았다. 인터뷰를 대기하는 사람 대부분이 나같이 가을학기에 학교를 가야 하는 학생들이었다. 떨리는 마음으로 대기하다가 영사관과 비자 인터뷰를 하게 되었다. 질문은 까다롭지 않고 간단했다. 내가 어떤 공부를 위해 유학을 가려고 하는지, 나의 학부 대학교는 어디인지, 예전에 항공사 다니면서 받은 비즈니스 비자를 가지고 왔는지를 물었다. 간단하게 대답하고 예전 비즈니스 비자는 가져오지 않아 사실대로 가져오지 않았다고 대답했다. 그랬더니 "너의 비자가 며칠 내로 도착할 거야"라고 말하고는 내 여권을 가져갔다. 너무 기뻤다. 대사관을 나오면서 눈물이 나왔다. 드디어 유학을 가게 되는구나, 뭔가 내 아메리칸 꿈을 향한 한 걸음을 내디딘 느낌이었다.

✦ 한국 생활 정리

그토록 고대하던 떠나는 시간을 앞뒀건만 챙길 것이 많아서 기쁠 새가 없었다. 회사에는 적당한 길일을 잡아서 퇴사를 얘기했다. 마침 고객 회사에서 짧은 프로젝트를 마무리하고 본사 복귀를 앞두고 있어서 복귀하자마자 팀장에게 퇴사 통보를 해야겠다고 생각했다. 당시 나는 나를 인격적으로 대하지 않는 팀장을 두고 있어서 퇴사 통보의 시간을 얼마나 고대했는지 모른다. 퇴사 통보에 대한 팀장의 반응은 참 재미있었다.

나: 저 9월 8일까지만 나오고 퇴사하려고 합니다.

팀장: 갑작스럽네요. 퇴사 이유가 뭔가요?

나: 저의 역량을 발휘하면서 재미나게 일하고 싶은데 이 회사에서는 그럴 수 없어서요.

팀장: 그런 회사인지 몰랐나요?

나: …… 그런 회사가 어떤 회사를 말씀하시는지 정확히 모르겠지만 이 정도인지는 몰랐습니다.

팀장의 반응에 당황한 나머지 못되게 답해버렸다. 퇴사하는 이유마저 이 회사가 그런 회사인 줄 몰랐던 내 탓으로 돌리는 그 못남이 징그럽고 지긋지긋했다. 코로나 시국이기도 하고 사람들에게 일일이 유학 간다고 설명하고 싶지도 않았다. 그래서 잠시 쉰다고 말하고 퇴사를 진행했다.

한국 생활을 정리하는 것은 정말 보통 일이 아니었다. 집을 정리하기 위해 세입 관계를 정리하고, 짐들은 어떻게 처리할지도 결정해야 했다. 돈을 받고 팔 수 있는 물건들은 팔고, 나눌 수 있는 물건은 나누고, 버릴 물건은 따로 정해 정리했다. 가구는 버리는 데도 돈이 들어서 버리는 곳까지 운반해서 버리는 것을 계획해야 했다. 미리 배편으로 짐을 미국으로 보내기도 했다.

이렇게 정신없이 한국 생활을 정리하면서 유학을 가서 당장 머물 곳도 찾아봐야 했고, 핸드폰 개통, 통장 개설은 어떻게 할 수 있는지 사소한 것 하나하나를 미리 공부해야 했다. 또 학교에서 예방접종을 요구해서 병원에 가서 내가 맞은 예방접종들을 확인한 후 필요한 예방접종을 추가로 맞아야 했다. 그리고 달러를 환전하고 한국은행 계좌 관련해서 출국 전 필요한 조치들도 해놓아야 했다.

이 와중에 입학 전 의무적으로 들어야 한다는 Pre-Degree 과정이 있었다. 3시간씩 6번 진행되는 온라인 수업이었는데 그때까지 나는 직장 생활을 하고 있었으므로 한국 시간으로 밤 10시부터 새벽 1시까지 그 수업을 들어야 했다. 수업 후 조별 과제도 있어서 무척 힘들었고, 영어로 외국인들과 공부하는 첫 수업이라 긴장되기도 했다. 3시간의 수업이 교수님의 일방적인 수업이라기보다는 미리 Article이나 Paper를 읽고 자기의 생각을 얘기하거나 소모임 토론을 하는 방식이어서 나에겐 무척 생소했다. 서로 질문하느라 시간이 모자라기도 했는데 그런 문화에서 공부한 적이 없던 나로서는 상당히 스트레스받는 시간이기도 했다. 마지막에는 시험 대신 과제가 있었는데 이 부분은 어느 정도 직장 생활을 하고 회사에서 영어로 PPT를 작성한 경험도 많은지라 어렵지 않게 A를 받을 수 있었다. 미국에 가서 들을 수업이 어떻게 진행될지 미리 엿보고 적응할 수 있는 시간이었고, 스트레스를 받으면서도 긴장되고 설레었다.

코로나가 아니라면 몇 개월에 걸쳐서 여유롭게 정리하고 준비할 수 있는 일이었는데, 코로나로 비자 발급이 늦어지면서 한 달 남짓한 시간에 모든 한국 생활을 정리하고 미국 유학 생활을 세팅하려니 매일이 분주했다. 지금 생각하면 욕심이 과했다 싶은데, 남은 휴가를 추석 연휴 때까지 소진하고 추석 상여금을 받고 퇴사한다는 생각으로 출국하기 이틀 전까지 출근하는 것을 일정으로 세팅한 것이 후회된다. 그 덕에 더 많은 퇴직금을 챙길 수 있었지만, 이렇게 무리하다가 미국 가기 전에 병이 날 수 있겠다는 생각이 들었다. 지금 생각해도 무리하고 미련한 일정이었다고 생각된다. 어찌 됐건 시간은 흘렀고, 퇴사를 하고 출국 날 드디어 나는 아메리칸 드림을 향한 비행기에 몸을 실었다.

PART. 3

미국 유학 생활

"사람은 오직 자신만이 스스로를 효과적인 사람으로 만들 수 있다."

- 피터 드러커, 『프로페셔널의 조건』

영화의 한 장면에서 순간이동을 하듯 나는 순식간에 미국 매사추세츠주 보스턴의 학교 기숙사 방에 떨어져 있었다. 만 40년이 넘게 한반도에서 살다가 미국에서의 삶이 시작되는 순간이었다. 미국으로 나와 같이 이동한 캐리어 2개, 이민 가방 1개와 함께 나는 기숙사 방에서 덩그러니 새 출발을 맞이했다. 9월 중순이라 창밖에는 가을이 다가오고 있었다. 룸메이트가 아직 입주 전이라 간단한 가구만 있었다. 이 조그마한 2개의 방이 딸린 기숙사 아파트에서 나의 새로운 인생 챕터가 시작되었다.

목요일 미국에 도착한 후 다음 주 월요일이 바로 개강이었다. 서먹서먹한 기분으로 아침에 학교에 도착해서 오리엔테이션을 받았다. 나와 함께 Business Analytics를 시작하는 학생은 20명 내외였다. 코로나로 인해 아직 비자 발급이 안 되어서 일단 온라인으로 학업을 진행하는 학생도 꽤 있었다. 그전까지 이 전공은 우리 학교 샌프란시스코 캠퍼스에만 개설되어있었고, 이에 IT 기업에 관심 있는 많은 학생이 샌프란시스코 캠퍼스를 선호했다고 한다. 당시가 보스턴 캠퍼스에서 Business Analytics 과정이 진행되는 첫해였고, 그만큼 단출하게 시작되었다.

✦ 문화와 언어

나의 동기 친구들은 중국, 대만, 이탈리아, 프랑스, 나이지리아, 필리핀, 인도, 베트남, 온두라스, 멕시코 등 다양한 나라 출신들이었다. 나를 빼고는 모두 20대였고, 대부분이 학부 졸업 후 바로 대학원에 진학한 케이스였지만 몇 년의 업무 경력이 있는 친구들도 있었다. 나는 최대한 동기들과 동화되고 싶어서 일단 나이를 숨긴 채(?) 학교생활을 시작했다.

영어는 존댓말, 반말이 없는지라 대화하는 상대의 나이를 알 필요가 없었다. 반대로 한국 문화가 나이를 기본으로 하고 있다는 것을 실감한 일이 있었다. 우리 학교는 특이하게도 International Business, Finance, International Marketing, MBA, Business Analytics의 각각 전공들이 1년 과정이었고, Dual Degree라고 해서 전공을 하나 더 선택해서 1년 더 공부하면 석사 학위를 추가로 딸 수 있는 제도가 있었다. Business Analytics 전공 1년 차는 20명 남짓이었지만, 다른 전공을 1년간 공부하고 석사 학위를 받은 후 Dual Degree로 Business Analytics를 선택하여 2년 차 공부를 시작하는 학생들은 그 3배 이상 많았다. 내가 그 학교에 다닐 시 학교 전체 한국 학생은 나 포함 5명이었고 한국인 여자는 내가 유일했다. 그 중에 Dual Degree로 Business Analytics를 전공하는 한국인 선배가 있어 반갑게 한국어로 대화를 하게 되었다.

그런데 대화 시작부터 나이가 문제가 되었다. 서로의 나이를 알아야만 존댓말을 할지 반말을 할지가 판단되기 때문이다. 초면이니 존댓말로 시작했는데 그 친구는 나의 나이를 무척 궁금해했다. 한국 문화에서는 나이라는 것이 나라는 사람을 규정하는 아주 중요한 정보다. 사실 우리 학교 학생들은 대부분 20대 초반이었고 우리 동기 20명의 평균 나이가 만 25세였으니 이 친구도 내가 그냥 20대려니 생각한 듯하고, 자신이 30대라 나에게 말을 놓고 싶어 했던 것 같다. 계속 나이를 오픈하지 않다가 어느 순간 오픈하게 되었고 재미있게도 그때부터 우리의 관계는 180도 달라졌다. 나는 나이를 밝히기 전이나 후나 똑같은 사람인데, 나이를 밝히기 전까진 학교에서 같은 공부를 하는 동지였다가, 나이를 밝

힌 후에는 동기이지만 깍듯하게 대해야 하는 선배로 규정되는 이 상황이 조금 쓸쓸했다. 물론 다른 외국인 친구들은 나와 영어로 소통했고 그들은 나를 '지은(Jieun)'이라 불렀다. 내가 그들보다 거의 20년을 더 살았을지언정 그게 우리의 관계에는 아무런 영향을 미치지 않았다. 이런 면에서 한국어, 한국 문화가 참 독특하다 느꼈다.

나는 한국에서 40년 이상을 살아온 사람이므로 당연히 교수님을 마주치면 자동으로 목례를 하게 되었다. 그날도 학교 복도에서 교수님을 마주치고는 나의 목이 자동으로 반응했다. 그런데 뭔가 교수님의 반응이 이상(?)했다. 친한 반 친구에게 물으니 보통 여기서는 목례를 하지 않고 그냥 "Hi"라고 캐주얼하게 인사한다며, 아마 교수님도 내가 International 학생인 것은 알지만 조금 당황하신 거 같다고 했다. 그 이후로 나는 교수님을 마주칠 때마다 내 목이 반응하는 것을 의식적으로 막으려고 노력했다. 그리고 "Hi"라고 인사하는 것에 익숙해지는 연습을 해야 했다.

정말 다양한 문화가 존재한다는 것을 배웠다. 유럽 출신 친구들은 부모님이 이혼하고 각각 재혼한 상황을 아무렇지도 않게 여기는 반면 인도 출신 동기는 "어떻게 그런 일이 일어나냐"는 반응이었다. 인도 친구는 사회적인 고유의 가족 평판이 있고, 그것에 따라 본인의 혼사 선택권 레벨이 달라지는 문화에서 자랐다. 상대적으로 어린 나이에 가족의 평판에 영향을 받아 가족이 합의하는 사람과 결혼을 하고 아이를 낳는 것을 당연하게 받아들이는 문화였다. 미국은 LGBTQ(Lesbian, Gay, Bisexual, Transgender and Queer)에 대한 존중이 일상으로 받아들여지는 문화고, 유럽의 경우는 Bisexual이 보편화된 분위기라고 들었다. 실제로 최근 미국에서 지어진 학교 기숙사나 레스토랑에 가보면 화장실이 'Women/Men'

으로 구분되기보다는 'All Gender'라고 표기된 것을 볼 수 있다.

미국에서 공부하지만 International School이라는 특별한 환경이었기에 이렇게 한국 문화의 특수성, 여러 다른 문화에 대한 이해를 함께할 수 있었다.

✦ 공부, 가장 쉽다는 공부

회사를 다니며 틈틈이 대학원 특강도 다니고 학원을 다니기도 했지만 풀타임으로 공부를 한 것은 2006년 한국에서 대학원을 졸업한 후에는 없었다. 2020년 9월, 온전히 대학원생으로 돌아간 나는 생활 리듬을 공부모드로 맞추느라 조금 힘든 시간을 보냈다. 몸에 공부모드가 장착되지 않아 수업을 이해하고 공부하는 데 더 시간이 걸렸다고 할까? 많은 문제 해결이 그렇듯, 시간이 나의 부진한 공부모드를 해결해주었고 어느덧 학생 생활에 적응해갔다.

학교 수업시간표가 좀 특이했다. 다른 학교의 Business Analytics 과정도 우리 학교와 비슷하다고 들었다. 여러 과목을 한 한기에 걸쳐 듣는 것이 아니라 한 과목을 1~2주 동안 집중해서 수강하고 시험까지 치르고 난 후 다른 과목으로 넘어가는 식이다. 하루 3시간씩 거의 매일 수업이 있으며, 따라서 하루에 나가는 진도도 빛의 속도처럼 빠르고 많아서 매일매일 수업 내용을 공부하지 않으면 따라가질 못했다. 매일 성적에 반영되는 퀴즈가 있는 과목도 있어서 매 수업이 긴장감 넘쳤고 스트레스도 적지 않았다. 내 경우는 회사까지 그만두고 온전히 내 인생을 베팅해서 대학원 생활을 시작한 것이었기에 더 긴장과 스트레스가 있었던 것 같다.

퀴즈나 시험의 경우 종이에 진행하는 필기시험이 아닌 100% 인터넷으로 진행되었다. 특정 보안 프로그램을 내 노트북에 깔아 그 프로그램이 시험 시간 동안 인터넷을 사용하지 못하도록 나를 모니터링하면서 진행되는 시험이었다. 당연히 시간은 한정되어있었고, 문제가 긴 경우가 많아서 일단 그 긴 영어 문장의 문제를 빠르게, 제대로 해독(?)하는 것이 중요했다. 문제를 해독하고 이해하고 나면 이미 시간은 저 멀리 떠나서 촉박한 상태였고, 제한된 시간이 끝나면 가차 없이 창이 닫히며 자동으로 시험이 종결되었다. 지금 생각해보면 사실 퀴즈나 시험을 못 친다고 세상이 끝나는 건 아닌데 무척 떨었던 것 같다.

게다가 학교 수업 자체가 스파르타식 스케줄이어서 다른 생각을 할 틈이 전혀 없었다. 대부분의 주말(주로 토요일이고 가끔 일요일) 자정은 숙제 마감이었고 수업마다 퀴즈, 시험, 팀 프로젝트 마감 또는 발표가 있어서 온전히 편한 마음으로 수업을 듣거나 주말을 보낸 기억은 사실 거의 없다. 수업 시간에 본인의 의견을 얘기해야 하는 일도 종종 있었는데 나를 비롯한 아시아계 친구들은 문화적 특성상 북미나 유럽 친구들만큼 수업 참여에 열정적이진 않았다. 그래도 서로 의견을 말하고 수업 참여 점수를 따려고 고군분투했다. 나는 내가 생각하기에 정말 괜찮다고 생각하는 의견이 아니면 수업시간에 의견을 피력하는 일을 즐기진 않았는데, 유럽이나 다른 대륙의 아이들은 무슨 내용이든 손을 들고 자신의 의견을 말하는 데 전혀 스스럼이 없었다. 어떤 때는 그런 적극성이 다수의 시간을 갉아먹는다 느낀 적이 있을 정도였다. 하지만 두려움 없이 자신이 생각하는 것에 대해 최대한 조리 있게 말하려는 그들의 태도는 분명 배울 점이었다. 졸업식 전공별 연설자를 선정하는 과정에서 MBA 과정 학생들은 서로 자기가 졸업 연설을 하겠다고 싸운 나머지 MBA 과정만 연설자가 없었던 적도 있었다. 서로 발표하겠다고 싸움이 난다니, 한국에서는 상상하기도 힘든 모습이다.

미국에서 공부하면서 공부의 목적에 대해 다시 한번 생각하게 되기도 했다. 한국에서도 나름 공부를 잘하는 편에 속했었지만, 지금 와서 생각해보면 그건 모두 시험을 위한 공부였을 뿐이었다. 그리고 어려서 그랬는지 큰 틀에서 배우고 체득하는 과정을 이해하려고도 하지 않았던 것 같다. 한국은 시험을 통해 등수를 매기고 차별화하려는 목적이 강하기 때문에 문제를 어렵게 꼬아서 출제하는 경향이 있다. 물론 나도 미국 교육은 대학원 공부만 경험했지만, 교수님은 학생들이 알아야 한다고 생각하는 것들을 시험으로 내어 학생들이 그것을 온전히 이해했는지를 테스트했다. 그래서 배운 것을 성실히 공부한다면 맞힐 수 있는 문제들이 대부분이었고, 퀴즈 준비와 실제 시험을 통해 무언가를 알아간다는 것이 큰 매력으로 다가왔다.

그렇게 어느 순간 공부가 고통스럽지만 재미있다고 느껴졌고, 40이 넘어서야 비로소 반복 학습이 왜 중요한지도 깨닫게 되었다. 정말 이해되지 않는 내용이었는데 시간을 두고 자꾸 읽고 접하다 보니 어느 순간 그 내용이 이해되는 마법을 경험한 것이다. 이래서 반복 학습이 중요하고 반복적으로 공부해야 한다는 것을 몸소 체험하게 되었다.

또 대학원 생활을 하면서 '공부란 이렇게 스스로 하는 것이구나'를 느끼기도 했다. 예를 들면 Text Analytics 과목은 3시간 동안 교수님이 와르르 쏟아낸 농축된 내용의 수업을 듣고 집에 돌아와 수업 시간의 몇 배의 시간을 들여 공부하고 나서야 이해되었다. 서너 번의 수업 후에 과제를 제출해야 했는데, 이 과제는 그동안 수업 내용을 모두 이해해야만 할 수 있었다. 일단 수업 내용을 모두 이해한 후 과제를 어떻게 해야 하는 지를 파악했다. 그 후에야 비로소 과제 작성에 돌입할 수 있었다. 수업 중간에 두 번의 Text Analytics를 위한 코딩 숙제가 있었고 2개의 큰 프로젝트 제출이 중간·기말고사 대체의 개념으로 있었다.

첫 번째 프로젝트는 실제 우리 학교 홍보대사 학생들의 프로필 텍스트 내용을 분석해서 어떤 성향의 학생들이 홍보대사를 하고 있는지를 파악하고, 그들의 특성에 비추어볼 때 다양성을 추구하기 위해 홍보대사 선택에 어떤 전략이 필요한지를 도출하는 프로젝트였다.

두 번째 프로젝트는 좀 더 큰 프로젝트였는데 Reddit(미국의 소셜 뉴스 집계, 콘텐츠 등급 및 토론 웹 사이트)에 포스팅된 주식 관련 글과 주식 가격의 관계를 분석하는 과제였다. 실제 포스팅 데큰이터를 가지고 주식 가격과 연관 지어 결론을 도출하는 분석이다 보니 흥미로웠다. 특정 주식에 대한 Reddit의 포스팅과 댓글의 텍스트를 분석하고 이를 실제 주식 가격과의 관계를 분석해서, 어떤 단어가 많이 나타날 때 공매도의 징후라고 예측할 수 있는지를 정리했다. 고생스러웠지만 재미있었고 나중에 취업 면접에서 많은 도움이 되었다.

Data Visualization이라는 수업도 실제 회사에서 하는 일을 익힐 수 있는 수업이어서 좋았고 기억에 남았다. 교수님이 몇 개의 산업과 그에 맞는 분석 주제 카테고리를 정해주면 그 범위에서 본인의 주제를 결정하고 데이터를 직접 인터넷에서 찾아야 했다. 주어진 데이터를 분석하는 것이 아니라 처음부터 주제 카테고리 중 본인이 구체적인 주제를 정해 그에 맞는 데이터를 찾는 것은 쉽지 않았다. 처음에는 야심 차게 주제를 정했지만 원하는 데이터를 구할 수가 없어서 구한 데이터를 바탕으로 다시 주제를 정하고 분석에 돌입해야 했다. 예를 들어 이 수업에서 내가 한 과제 중 하나는 '미국 이민과 취업 전략'이라는 주제로 미국 이민 추세 및 이민자의 인구통계학적, 사회·심리학적 데이터를 분석하는 것으로 미국 이민과 취업을 원하는 자들이 어떤 전략을 짜야 하는지 분석하는 프로젝트였다. 주제에 맞게 적합한 데이터를 분석한 후 이해하기 쉽도록 Tableau를 활용해서 스토리를 구성하고 적절한 결론을 도출해내야 했다. 생각보다 많은 시간과 노력이 들어갔는데, 실제 존재하는 데이터를 찾아내어 그것에 맞게 구체적인 데이터 분석 주제와 결론을 도출하는 하나의 완성된 프로젝트를 직접 하는 과제라서 매력적이었고 이 역시 후에 취업 면접에서 유용하게 쓰였다.

회사에서는 혼자 일하는 것이 아니라 여러 부서의 사람들과 협업해야 하므로 과목마다 팀 프로젝트가 있었다. 회사 생활 15년을 한 내가 협업의 경험이 거의 없는 대학원 친구들과 팀 프로젝트를 하려니 속이 터질 것 같은 때도 있었지만 많은 것을 느끼고 배울 수 있는 시간이었다. 팀원 간 관계도 수평적이다 보니 다른 이들에게 내 의견을 관철하느라 잡음과 민망한 분위기가 가끔 발생하기도 했다. 프로젝트 마감은 대부분 자정이었고 제출 전에 항상 시간이 부족해 거의 밤 11시 50분까지 팀원들과 오프라인 또는 온라인으로 프로젝트를 마감한 추억이 많다.

컴팩트한 석사 과정인 만큼 주말에 보충 수업이나 조교 세션이 있어서 시험 대비 특강이나 프로젝트 제출을 위한 보강 수업이 진행되어 주말에도 놀 시간이 없었다. 마침 코로나 시국이라 차분히 공부할 수 있는 분위기가 형성되어 좋았다. 빡빡한 스파르타식 수업 일정을 따라 수업을 듣고, 숙제하고, 퀴즈와 시험을 보며 팀 프로젝트를 같이하고 제출하다 보니 어느새 11개월이라는 시간이 빠르게 지나갔다.

년도	수업 스케줄	수업	일정	특이사항
2020	8월	Big Think : AI and Future of Humanity	8/4~8/26	사전 선택 과목 (Pre-degree)
	9월	Leadership	9/15~9/29	전공과목
		Intro to Data Analytics	9/24~10/7	
	10월	Data Visualization	10/4~10/27	
		Python	10/7~11/2	
	11월	Advanced Analytics	11/4~11/23	
		R	11/30~12/20	
2021	1월	SQL	1/9~1/31	전공과목
	2월	Machine Learning	2/1~2/22	
		Text Analytics	2/22~3/12	
	3월	Data Optimization	3/13~5/2	
		Future Mindset	3/15~4/23	
	6~7월	Digital Marketing	6/24~6/30	선택 과목
		Luxury Marketing	6/28~7/9	
		Retail Analytics	7/12~7/30	

학사 스케줄(2020.10.11.~2020.10.17.)

SUN	· 팀 과제 제출(자정 마감)
MON	· Python 수업(1:30 pm~4:30 pm) · Data Visualization 과제(자정 마감)
TUE	· Data Visualization 수업(1:30 pm~4:30 pm)
WED	· Python 수업(1:30 pm~4:30 pm)
THU	· Data Visualization 수업(1:30 pm~4:30 pm)
FRI	· Data Visualization 수업(9:00 am~12:00 pm) · Python 수업(1:30 pm~4:30 pm)
SAT	· Python 코딩 과제 제출(자정 마감)

✧ 네트워크와 기타 활동들

　사실 내 유학 생활의 네트워크는 개인적인 네트워크보다는 취업 네트워크가 대부분이었는데 취업 관련 네트워크는 다음 장에서 자세히 다룰 생각이다. 내 유학 생활은 짧았던 데다가 매우 목적 지향적인 측면이 강해서 학교 클럽에서 활발한 활동을 한다거나 달콤한 로맨스가 있지는 않았다. 매우 빡빡한 학사 일정 속에서도 연애를 하는 애들이 있었으니 대단하다는 생각을 했다. 나는 학교 수업을 따라가고 시험, 퀴즈 하나하나를 쳐내기에도 정신이 없었고 게다가 졸업 후의 취업까지 항상 신경 써야 했다. 한국인으로서 미국 유학 생활 중 취업 준비는 단순 취업 준비가 아닌 생존의 문제였다. 학생 비자로 일정 기간 내에 취업하지 못하면 미국을 떠나야 했다. 나는 한국에 돌아가지 않고 어떻게든 미국에서 취업할 생각으로 모든 짐을 정리하고 이민 가방 5개만 끌고 온 터라 인생을 걸고 빡빡한 일정으로 공부와 취업 준비에 몰두했다.

　그래도 나중에 미국 유학 생활을 돌아봤을 때 유학 생활을 같이한 친구와의 추억이 있었으면 좋겠다고는 생각했다. 또 스트레스를 해소하기도 해야 하는지라 사진 찍는 동아리에 가입해서 이곳저곳 좋은 곳을 마스크를 쓰고 놀러 다녔다. 그렇게 가끔 바람 쐬면서 스트레스를 해소하고, 취업에 관한 정보를 교환하기도 했다.

　태어나서 처음으로 학교 기숙사 생활을 해보았는데 다시는 룸메이트를 두지 않겠다고 다짐하게 되었다. 내 룸메이트는 불가리아에서 온 사교성과 쇼맨십이 강한 아이였는데 코로나 시국에 파티를 사랑하다가 결국 코로나에 걸렸고, 나는 그녀의 룸메이트라는 이유로 크리스마스를 며칠 앞두고 별안간 기숙사에서 격리를 당하게 되었다. 그렇게 나의 유학 생활 첫 크리스마스는 격리로 기억된다.

유학이라는 것은 알다시피 돈이 많이 든다. 대만에서 온 한 친구에게 물어보니 보통 대만에서 4년제 대학을 졸업하고 받는 연봉이 1,000만 원 정도라고 했다. 그 정도 경제 수준의 나라에서 유학 오는 친구 중에는 5,000만 원 이상의 학비와 월 200만 원 이상의 기숙사비를 넉넉히 낼 수 있는 부잣집 친구도 있었고, 그렇지 못한 환경에서 유학을 와서 학생 대출로 등록금을 내고 생활비를 쪼개 가며 생활하는 친구도 있었다.

학교에서는 나라별 명절마다 소소한 행사와 음식 나눔이 진행되었다. International Festival이라는 이틀간의 축제도 있어서 다양한 나라의 부스에서 그 문화와 음식을 경험하는 재미도 있었다. 하지만 나의 유학 생활의 관심은 아무래도 졸업 후의 행보와 취업이었다.

PART. 4

미국 취업
LinkedIn, OPT, 인터뷰

"배움은 학교에서 얻는 것이 아니라 평생에 걸친 노력으로 얻는 것이다."

– 알베르트 아인슈타인

미국에서 취업이라니. 생각만 해도 높은 벽이 느껴졌다. 내 인생에서 가장 심적으로 힘들었고 중대했던, 미국 취업의 시간. 막연히 동경하던 미국에서의 회사 생활 그것도 미국 대기업 생활을 이 짧고도 강렬한 준비와 과정을 통해 성공적으로 쟁취했다. 운이 좋았다고 생각한다. 실업률은 낮았고 코로나를 어느 정도 지나고 있는 시점에서 기업들은 인력이 필요했다. 특히 데이터 분석을 해서 패턴과 인사이트를 도출하는 인력, 이 방면으로 다년간의 경험을 가진 나 같은 사람을 거의 모든 회사가 필요로 했다. 더욱이 외국인 졸업생 구직자 입장에서 코로나가 도움을 주었던 것은 면접이 모두 화상으로 진행되어 외국어 대면 면접으로 긴장할 수 있는 부분이 조금이나마 상쇄되었다는 것이었다. 덕분에 복장이나 보디랭귀지 그리고 면접 장소에 가서 대기하는 일련의 수고에 쓰일 에너지를 면접 내용을 탄탄히 하는 데 쓸 수 있었다.

나는 130여 개 회사에 지원했다. 나의 모든 것을 보여주려 노력했고 결국 목적을 달성했다. 그리고 깨달았다. 내가 40년 이상 살면서 교육을 받고, 회사에서 경험을 쌓고, 인적 네트워크를 구축한 모든 것이 미국 회사에서 Offer Letter를 받는 순간을 위한 것이었음을.

✧ 미국 취업 시장

미국 취업 시장은 한국과는 다른 점이 많다. 우선 전반적으로 시장이 크고 기회가 많다. 그렇기에 하나의 포지션으로 지원할 수 있는 회사가 매우 많다. 내가 한창 구직할 때도 지원 가능한 회사가 많아 지원하느라 바빴다. 반면 한국에서는 대기업 이직을 고려할 때 떠오르는 회사가 많지 않다. 삼성, SK, 현대, LG, 롯데 정도…. 내가 세 번의 이직을 통해 다섯 곳의 회사를 다니고 나니 다음 회사를 정하는 데 한계가 생겼던 것처럼 말이다. 미국은 경제 대국이고, 미국을 구성하는 주(State) 하나가 대한민국보다 큰 경우도 많다. 그만큼 지원할 회사도 많고 스케일도 남다르다.

한국에서 이직할 때는 내가 원하는 회사 홈페이지를 확인하거나, 구직 사이트, 헤드헌터들이 오픈 포지션을 올려놓은 사이트 등을 활용해 자신에게 맞는 포지션에 지원하는 식이었다. 요즘은 LinkedIn이 점차 활성화되는 추세라고 한다. 미국의 취업 시장은 LinkedIn으로 모든 것이 이루어진다고 해도 과언이 아니다. 리크루터, 기업, 구직자 모두 LinkedIn에서 모인다.

LinkedIn은 구직, 이직, 구인을 위한 장이다. 나도 구직하는 기간 내내 LinkedIn에 매달렸다. LinkedIn에서는 자신과 비슷한 분야의 전문가, 가고 싶은 회사에 다니는 재직자, 나를 그 회사에 추천해줄 수 있는 사람 등을 만나서 커리어에 도움이 될 만한 정보를 서로 주고받을 수 있다. 한국도 아는 사람을 통해서 이직하는 경우가 있지만, 미국 취업 시장에서의 추천은 그 규모와 레벨에서 차원이 다르다. 실제로 LinkedIn을 통해서 알게 된 선배, 전문가가 회사에 필요한 인재를 추천하여 같이 일하기도 한다(코로나 이전에는 가까운 곳에 살면 커피 한잔 하며 친밀한 관계를 만드는 경우도 있었다는데 코로나 이후로는 많은 대화가 Zoom으로 이루어지고 있다). 아는 사람을 통해 이직하는 경우는 봤지만 LinkedIn과 같은 커리어 플랫폼을 통해서 생전 본 적 없는 사람을 추천하고 도와주는 경우는 참 생소했다. 나도 운이 좋게 미국에서 이런 고마운 사람을 몇 명 만났다. 미국은 '추천'이라는 제도가 취업 시장에서 강력한 무기로 작용하고, 특히 FAANG(Facebook, Amazon, Apple, Netflix and Google, 미국 최고의 테크 기업) 기업에서는 추천이 결정적이다. 이들 기업은 미국 전역에서 졸업생, 경력직, 미국인, 외국인 할 것 없이 이력서를 들이밀기에 추천 없이는 인터뷰 기회도 얻지 못한다는 속설(?)이 있다. 수많은 지원자 중에서 내 이력서가 선택당하려면 Referral(추천)이라는 카드가 필수인 것이다.

한국도 대기업 신입 공채가 점차 없어지고 경력직을 선호하는 추세다. 미국도 신입이 대기업에 바로 들어가기는 힘들다고 보면 된다. 에이전시나 작은 기업에서 업무 경력을 쌓고 그 경력을 바탕으로 대기업에 취업하는 것이 일반적이다. 대부분 기업이 입사 후 바로 전력화될 수 있는 인력을 찾기 때문에 신입이 직장을 구하는 것은 현지인에게도 매우 어려운 일이다. 누구나 시작은 신입으로 구직하기 때문에 신입 레벨에게 경력직의 스펙과 경험을 요구하며 Job Offer를 잘 주지 않는 현재의 트렌드에 대한 불만의 목소리도 많다.

한편 최근 한국에서는 학벌이 채용에 절대적인 영향을 주지 않도록 하기 위해 블라인드 채용을 도입하는 추세라는데, 미국은 학벌의 효과가 한국보다 약한 편이다. Harvard University처럼 아이비리그 졸업생이라면 선배들이 학교에 직접 와서 후배들을 채용해가는 기회가 있어 상대적으로 유리한 부분도 있지만, 단순히 학벌이 좋다고 해서 좋은 회사에 들어가거나 좋은 고과를 받는 것은 아니다. 오히려 좋은 대학을 나와도 회사에서 커리어 관리를 하지 않으면 상대적으로 유명하지 않은 대학을 나왔지만 커리어를 관리한 동료에 비해 뒤처지는 경우도 많다. 사실 미국에서는 일할 때 그 사람의 나이나 학벌은 사람들의 관심 밖이고, 오로지 성과로만 관심과 인정을 받을 수 있다.

미국에서 단순히 학사만으로는 소위 좋은 회사의 전문적인 포지션으로 일하기 어렵다. 외국인은 더 그렇다. 대기업에서 일하는 미국인의 커리어를 보면 대개 4년제 대학 졸업 후 몇 년간 작은 회사에서 경력을 쌓다가 대학원에 진학하여 석사를 따고 대기업에 취업하는 코스가 일반적이다. 꼭 석사는 안 하더라도 상대적으로 작은 회사에서 경험을 쌓고 큰 회사로 옮기는 경우가 많다.

직종·기업·경력에 따라 차이가 있겠지만 미국 기업의 일반적인 연봉은 한국의 약 2배 수준이다.

2021년 미국·한국 평균 수입

	연 평균 수입	월 평균 수입
미국	70,930달러	5,911달러
한국	35,110달러	2,926달러

출처: www.worlddata.info

한국에서 경력직을 채용할 때의 인터뷰 과정을 보면 Job Description에 맞는 사람을 인터뷰하고 경력이 포지션에 맞는지를 확인하며 기업 문화에 적합한지 여부도 매우 중요하게 판단한다. 경력이 포지션과 조금 맞지 않더라도 사람이 마음에 들어 뽑는 경우도 많고, 경력이 아무리 적합해도 기업 문화와 맞지 않는다고 판단해 뽑지 않는 경우도 많다. 미국은 철저하게 Job Description이 지원자의 경력과 맞아 당장 일할 수 있는 사람을 선호한다. 그래서 Job Description도 매우 구체적이다. 적합한 인재가 없다면 마음에 드는 사람을 뽑을 때까지 계속 채용을 진행한다.

또 인상적인 점은 회사마다 조금씩 프로세스나 방법의 차이는 있지만, Hiring Manager나 팀장이 직접 후보자를 컨택해 뽑는 경우가 많고, 채용에 대한 결정을 최고 의사결정자가 아닌 같이 일하게 될 동료나 팀장이 하는 경우가 많다는 점이다. FAANG 기업의 경우 인터뷰가 까다롭고, 어려우며, 각 회사만의 독특한 방식으로 진행된다고 알려져 있다. 한국과 마찬가지로 미국 기업들도 해당 산업 경력자를 선호해서 Beauty, FMCG(Fast-Moving Consumer Goods), Finance 분야의 기업들은 해당 산업 경력이 없으면 후보자로 고려하지 않는 편이다.

미국은 땅이 넓은 나라이므로 입사가 결정될 경우 회사 근거지로 이사를 가는 경우가 많고 이에 대해 회사가 이사비를 지원하기도 한다. 최근에는 코로나가 통근 문화를 크게 변화시켜 화상 인터뷰와 재택근무가 취업 시장의 게임 체인저가 되고 있다. 많은 기업이 재택근무로 전환하기도 했고, 다시 회사로 출근하게 되었을 때 재택근무를 원해서 이직하는 경우도 많아지고 있다. 그렇게 땅이 넓은 만큼 시간대도 다양하므로 (동부 시, 서부 시, 중부 시 등) 재택으로 일하게 되더라도 근무하는 지역의 시간대가 적합해야 하며, 한국과 달리 주마다 월급에 따른 세금부과율, 휴가 정책(예를 들어 우리 회사의 경우, 조지아주는 연말에 당해 연도 휴가가 만료되며 캘리포니아주의 경우는 이듬해 3월에 만료된다)이 달라서 같은 회사에 다니더라도 근무 위치에 따라 서로 다른 정책의 영향을 받는다.

✦ 미국 취업 과정

취업 목표 설정과 네트워킹

학교생활을 시작하고 3개월 정도 적응한 후 곧바로 취업 준비에 돌입했다. 학교에서 전공마다 커리어 어드바이저 담당자가 있었고 입학과 동시에 졸업 후 취업을 위한 커리어 세션들이 진행되었다.

워밍업 세션으로 미국 취업 시장에 대한 동향과 개인별 목표 설정에 대한 시간을 가졌다. 원하는 도시와 산업, 구체적인 회사를 정하고 그에 맞는 구직 준비를 하라는 것이다. 앞서 말했듯 미국이라는 나라는 방대하고 한국과 비교되지 않을 정도로 회사가 많다. 매일 쏟아지는 구직 포스팅에 모두 대비할 수는 없다. 또 한국과는 다르게 어느 도시에서 일할 것인가를 정하는 것이 매우 중요하다. 한국에서 구직자가 울산, 포항, 부산을 타깃으로 구직 활동을 하지는 않을 것이다. 주거지가 수도권이면 구직 장소가 서울일 가능성이 크다. 하지만 미국은 우리나라의 50배에 달하는 크기의 땅이니 어느 도시를 타깃으로 구직 활동을 하느냐가 매우 중요하다. 실제로 도시마다 목표로 할 수 있는 산업이나 회사도 다르다. 예를 들어, 내가 공부하던 보스턴은 학교가 많아서 교육 관련 회사가 많고 병원이 많아서 의료 관련 회사가 많이 포진되어있다. 뉴욕은 패션 관련 회사나 마케팅 에이전시가 많고, 내가 구직 활동 목표로 삼은 도시 중 하나인 애틀랜타는 The Coca-Cola Company, CNN, Home Depot가 유명하고 CDC(Centers for Disease Control and Prevention, 미국질병통제예방센터)가 있어서 의료 관련 산업도 발달한 도시다.

코로나로 재택근무가 많아지긴 했지만, 동료들과 같은 시간대에 근무하는 것이 중요하므로 구직 시 어느 지역에서 일할 것인지를 정하는 것은 여전히 중요한 변수였다. 나는 구직 목표 도시를 내가 공부하던 보스턴, Amazon이나 Starbucks 같은 회사가 있고 예쁘다고 알려진 시애틀, 그리고 친구가 있는 애틀랜타로 정했다. Marketing Analytics 분야에서 일을 찾고 있었으므로 산업으로는 내 분야가 가장 빛날 수 있는 eCommerce, Retail을 타깃으로 했다.

한창 취업 준비로 바쁠 때 같은 전공의 친구와 더운 날씨를 피해 공원 나무 그늘에 앉아서 면접 연습을 하며 대화를 나눈 적이 있다. 친구에게 어느 산업이나 회사를 타깃으로 하냐고 물으니 친구는 취업하는 게 쉽지 않아서 어디든 본인을 받아주는 곳에 가겠다고 말했다. 그때 내가 친구에게 이성 친구를 예를 들며 말했다.

"나를 사랑해주는 남자라면 어떤 남자든지 상관없이 누구나 만날 거라고 말하는 건 매력 없게 느껴져. 단순히 나를 사랑해주는 사람이어서 좋은 것이 아니라 상대방이 '나'라는 사람을 원하고 나도 상대방을 원해서 선택했다고 하면 더 매력적으로 보이고 상대방과의 매칭 가능성도 커지겠지. 회사도 마찬가지야. '저는 직업이 필요하니 저를 뽑아만 주신다면 감사하겠습니다'가 아니라 '내가 이런저런 경쟁력이 있는 사람이어서 당신 회사에 이런저런 면에 적합하고 기여를 할 수 있을 것이다. 그러니 나를 뽑아라. 너에게 좋은 일이다. 너에게 남는 장사다'라고 접근한다면 회사도 그 구직자를 뽑고 싶어지지 않을까?"라고. 그 이후 친구는 좀 더 주체적이고 당당한 관점에서 구직을 시작했고, 결국 취업에 성공했다.

취업의 무기

이제 어느 정도 목표가 선명해졌다. 취업할 무기를 하나씩 준비해야한다. 가장 기본적인 것이 이력서였다. 앞서 세운 목표 산업과 회사에 맞게 이력서를 만들어야 했다. 한국에서 몇 번 이직하면서 이력서는 잘 갖췄다고 생각했는데 취업 시장이 달라지다 보니 다시 시작이었다. 이력서가 빛날 수 있도록 작성해서 수많은 지원자의 경쟁을 뚫고 인터뷰에 당첨되도록 준비해야 했다. 학교에서 이력서 포맷을 알려주었다. 그 포맷에 맞게 이력서를 만들고 취업을 위해 필수적으로 도움받아야 할 사이트에 대한 가이드를 받았다. 기본적으로는 LinkedIn이었고, 유학생은 상대적으로 취업이 어려울 수 있으니 스타트업 관련 사이트, 인턴십 관련 사이트 등을 추가로 가이드해줬다. LinkedIn이 가장 중요한 사이트이므로 LinkedIn 프로필을 내가 타깃으로 하는 산업과 회사에 맞게 꾸미고, 네트워킹을 늘려나가면서 1:1 채팅과 함께 인터뷰를 준비해야 한다는 팁도 얻었다. 방학 기간이나 졸업 직후 가능한 인턴십을 언제, 어떻게 준비해야 하는지에 대해서도 세션을 가졌다. International 학생은 대부분 미국에서의 업무 경력이 없으므로 이 인턴십을 잘 활용해서 미국 실무 경험을 쌓고 취업과 연결되도록 하는 것이 중요하다고 했다.

가장 중요한 것은 비자 문제였다. 유학생이므로 비자 문제는 매우 민감하고 중요해서 적극적으로 챙겨야 했다. CPT(Curricular Practical Training)를 신청할 수 있는 기간이 정해져 있고 졸업 후 취업하기 위해 받는 OPT(Optional Practical Training)도 기간에 맞게 신청해야 구직 후 업무 시작이 가능했다. 실수 없이 진행할 수 있도록 학교 입학 직후부터 매주 관련 내용을 배우며 미리 준비해야 했다. 관련 내용은 학교에 언제든지 상담할 수 있는 창구가 온·오프라인으로 열려있었다.

학교 커리어 세션 내용

- US 취업 시장

- 목표 설정: 도시, 산업, 회사, 포지션

- 이력서, 커버레터 작성

- 유용한 취업 관련 사이트, 활용 가능한 것들

- LinkedIn 작성·관리 방법

- 네트워킹 방법, 메시지 보내는 법

- Informational Interview 팁

- 인턴십 정보

- 취업 비자

네트워킹

결론적으로 학교에서 알려준 미국 취업 방법은 취업 목표를 명확히 세운 다음, 이력서와 LinkedIn을 잘 꾸미고, 내 분야와 비슷한 선배들과 네트워크를 쌓아서 구직 팁, 기업 동향, 면접 팁에 대한 정보를 얻는 동시에 대화 시간을 면접 연습 기회로 활용하면서, 궁극적으로는 Referral, 즉 추천을 통해서 인터뷰 기회를 얻는 것이었다. 나는 이 전통적인 구직 방법과 학교에서 종종 열리는 Job Fair를 활용해 선배와 네트워크를 쌓아 추천받는 방법을 병행해보기로 했다.

먼저 나는 보스턴, 시애틀, 애틀랜타의 eCommerce나 Retail 기업의 Marketing Analytics 포지션을 목표로 잡고 목표 회사 리스트를 작성해나갔다. Tier 1·2·3에 맞게 회사의 리스트를 작성하고 그 회사의 Marketing Analytics 관련 사람들을 LinkedIn에서 찾아 일촌맺기를 신청했다. LinkedIn은 프리미엄 서비스가 아니면 검색 결과가 다양하거나 충분하지 않다. 나는 한 달간의 집중 네트워크 기간을 정하고 한 달 프리미엄 Trial 서비스를 무료로 제공받아 가능한 많은 사람을 검색하며 일촌맺기를 요청했다. 네트워킹할 사람을 검색할 때는 LinkedIn에서 내가 원하는 포지션의 정확한 이름을 찾아서 그 이름에 맞게 검색했다. 예를 들면, 나는 Marketing Analytics 포지션을 원하므로 Marketing Analytics, CRM, Customer Analytics와 같은 관련 검색어를 입력하고 그중에 내가 원하는 산업이나 지역의 회사 사람을 선택했다. 나와 같은 회사나 학교를 다녔던 사람이면 상대방이 일촌맺기를 수락할 가능성이 커서 나와 조금이라도 연관되는 구석이 있는 사람들을 우선으로 리스트에 올리고 네트워킹을 해서 성공률을 높여나갔다.

내 네트워킹 목표는 LinkedIn에 표시되는 500+ 일촌맺기를 이루는 것이었다. 일촌맺기를 요청할 때 그냥 일촌맺기 버튼을 누르는 사람도 많지만 나는 최대한 예의를 갖추고 일촌맺기에 성공할 확률을 높이기 위한 간단한 메시지를 만들었다. 몇 가지 버전이 있는데 대표적인 하나를 소개한다.

일촌맺기 예시

안녕하세요! 저는 Hult International Business School 보스턴 캠퍼스에서 Business Analytics를 전공하고 있는 강지은이라고 합니다. 이전에 한국의 여러 큰 회사에서 CRM 전문가로 경험을 쌓았습니다. ○○○ 회사에 관심이 있어서 LinkedIn에서 일촌이 되고 싶습니다. 감사합니다.

결국 쉽게 말하자면 생판 모르는 사람에게 LinkedIn에서 일촌맺기를 요청해서 서로 연결이 되고, 그렇게 연결되어 커리어 도움을 받는다는 것인데, 아시아인인 나에게는 생소한 방법이었다. 하지만 미국에서는 이미 널리 이용되는 방법이고 코로나 전에는 그렇게 연결된 사람과 커피도 마셨다고 한다. 사실 이 방법 외에 더 나은 방법은 생각하기가 힘들어서 일단 따라 해보기로 했다.

사람은 본디 자기 살기 바쁘고 본인의 일이 가장 중요하다. 그러다 보니 LinkedIn으로 일촌맺기를 신청한다고 다 수락하거나 메시지에 답장을 하는 건 아니었다. 학교에서 구직 관련 이벤트를 할 때 알게 된 선배들에게 일촌맺기를 해서 네트워크를 늘렸고, 1월 3일부터 4월 10일까지 Marketing Analytics 관련 전문가 442명에게 꾸준히 일촌을 신청했는데 이 중 202명 정도에게 수락을 받았으니 45%의 성공률이었다. 사실 이 일촌맺기를 하면서 마음의 상처를 받기도 했다. 분명히 내 학교 선배고 내 프로필도 조회했다는 기록이 뜨는데 일촌 수락을 끝내 하지 않는 사람도 있었기 때문이다. 본인만의 일촌 수락 기준이 있을 것이고 일촌 수락은 전적으로 요청을 받은 사람의 자유지만, 절박하게 구직 준비를 하며 도움을 받으려는 내게는 마음의 스크래치가 남았다. 어떤 이는 일촌을 수락하고 조금 시간이 지난 후에 일촌을 끊는 경우도 있었다. 처음부터 수락하지 않는 경우와 처음에 수락한 후 은근슬쩍 일촌을 끊어버리는 경우 중 무엇이 더 나은 건지 모르겠다. 처음엔 이런 게 큰 상처로 다가왔지만 수백 건의 일촌맺기를 하다 보니 어느새 무뎌지고 적응되어 갔다.

LinkedIn에는 'Groups'라고 불리는, 관심사가 비슷한 사람들이 모여 있는 커뮤니티 공간이 있다. 학교에서 LinkedIn의 여러 기능을 소개해주는 과정에서 알게 되었다. 나는 'Advanced Analytics', 'CRM & Customer Experience Professionals', 'Marketing Analyst' 등의 Group에 가입했다. 그냥 가입한다고 되는 것은 아니고 가입을 신청하면 운영자가 판단하여 가입 승인을 해준다. Group 관련 경험이 있는 사람들을 주로 승인해서 멤버로 받아주는 것으로 보인다. 내가 가입한 Group에 있는 사람 대부분은 분석 관련 일을 하는 사람들이었다.

거기서 사람들이 구직/구인 포스팅한 것도 볼 수 있었고, Marketing Analytics 관련 트렌드나 뉴스, 기사 등이 올라와서 정보를 얻는 데 용이했다. 무엇보다도 나와 비슷한 이력을 가진 사람들이 모여있는 집단이라 네트워킹하기가 쉽고 정보 활용도가 높았다. 나중에 취업이 안 되어 뭐라도 해야 하는 순간이 오면 이 공간에 나를 소개하고 구직하는 방법도 이 Group의 활용 방법으로 생각해두었다.

그렇게 나의 지인들과 학교 선후배, 친구들에게 일촌맺기를 신청하고 네트워킹하며 목표했던 500명의 네트워크를 달성하여 취업의 발판을 마련했다.

Networking(LinkedIn)

Acquaintance Information			Acquaintance Information Continued				
Acquaintance Name/Title	Company Name	Date Contacted	Title	Comments	Connected		Activity
BBB	Amazon	Jan 3	Product Manager	Korean	♥		1/14 Phone meeting
CCC	Unilever	Jan 8	Consumer Analytics Lead				
DDD	Nestle	Jan 9	CRM Director				
EEE	Facebook	Jan 9	Manager, Marketing Science	Alumni			
FFF	DoorDash	Jan 9	Head of Consumer CRM Marketing at DoorDash				
GGG	Wayfair	Jan 15	Senior Technical Analyst at Wayfair	Alumni			
HHH	Cognizant	Jan 15	Consultant	Alumni	♥		

Informational Interview

구직을 위한 발판이 다 마련되면, 이제 본격적인 구직 활동이 시작된다. 많은 이직 경험에도 생소했던 것이 이 과정이었다. 먼저 LinkedIn에서 나의 커리어 관련 사람들과 네트워크를 쌓았다. 그다음 1:1로 대화하면서 인터뷰 실전 연습을 하며 조언을 구했다. 궁극에는 이들에게 Referral을 부탁해보기도 하는 것이 Informational Interview다. LinkedIn으로 알게 된 사람에게 커리어 도움을 요청하는 것은 마치 지하철에서 물건을 팔러 다니는 사람이 된 것과 같은 기분이었다. 상대방이 호의적일까, 아닐까 조마조마해 하며 주는 거 없이 귀찮은 부탁을 해야 하는 입장이었다. 과연 이게 통할까, 이게 정말 많은 구직자가 선택하는 강력한 구직 방법이 맞는 건가 의아했지만 다른 뾰족한 대안이 없었기에 간절한 마음으로 시도해보았다.

학교에서 커리어 세션을 가지면서 LinkedIn에서 만난 선배들과 Informational Interview를 하게 될 때 어떻게 해야 하는지에 대한 팁을 얻었다. 이 Informational Interview의 목적은 구직과 향후 면접에 대한 연습과 배움이다. 또 커리어 관련 멘토나 도움을 받을 수 있는 사람을 알게 되어 커리어 네트워크를 늘려나가는 것도 하나의 목적이다.

일촌맺기가 된 네트워크를 바탕으로 먼저 1:1 채팅을 시도했다. 이렇게 채팅으로 관계 형성을 할 때는 나의 배경과 정보를 간단히 설명하고 어떻게 연락하게 되었는지, 또는 공통적인 관심 주제에 관한 기사나 정보 등을 공유하면서 자연스럽게 접근한다. 메시지는 너무 길게 쓰지 않는다. 메시지를 보낸 후 일주일간 연락이 없으면 다시 Follow-up 메시지를 보낸다. 보통 상대방이 빨리 답하지 않으므로 끈기가 필요하다.

예시 1

먼저 일촌을 수락해주셔서 감사합니다. 제가 세부적으로 관심 있는 분야는 마케팅 분석 포지션입니다. eBay에는 eCommerce 외에 여러 사업 분야가 있는 것으로 보이네요.

eBay 미국 본사는 어떤지 궁금해서 우연히 한국 eBay에 다니는 친구와 오늘 대화를 하게 되었습니다. 이전에 제가 한국에서 큰 eCommerce 회사·산업에서 일하면서 최종 소비자와 밀접하게 소통하는 점이 큰 매력이라 느껴서 eCommerce에서 일하고 싶다는 생각을 했습니다. 물론 소비자와 밀접하게 소통하는 만큼 리스크도 있고 어려운 일이라는 것도 잘 압니다.

기본적으로 저는 마케팅 인재이기 때문에 마케팅 쪽 분석 포지션에 관심이 있습니다. 또 eBay 조직 문화는 어떤지 궁금합니다. 선배님이 최근 eBay에 입사하신 것으로 보여 eBay에 지원을 준비하는 저에게 팁을 주실 수 있지 않을까 합니다.

괜찮으시다면 저랑 잠시 대화할 시간을 내어줄 수 있으실까요?

예시 2

안녕하세요. 우연히 Hult International Business School 동문에서 선배님을 발견하게 되었는데 저도 선배님과 같은 마케팅을 공부했습니다. 마케팅 분석 포지션을 지원하려고 생각하는데 선배님의 경험에 대해 배우고 싶습니다. 종종 연락드리고 싶은데 잠시 대화 가능하실까요?

예시 3

안녕하세요.

먼저 일촌 수락해주셔서 감사합니다. 간만에 한국어로 써서 어색하네요. 올해 8월 졸업 예정이라 방학을 이용해서 네트워킹을 시도하다가 ○○○ 님을 알게 되었어요.

우선 말씀해주신 사이트에 가서 저에게 도움될 만한 영상은 다 보았습니다. 영상을 보니 제가 묻고 싶은 많은 것들이 해결되어서 좋네요. Amazon 리크루터와의 영상이나 인턴 Offer를 받고 취소되신 여정에 대한 동영상도 재미있고 인사이트 있게 잘 봤습니다. 감사합니다.

저번엔 간략하게 저에 대해 말씀드렸는데, 저는 지금 Hult International Business School 보스턴 캠퍼스에서 Business Analytics를 전공하고 있어요. 이게 1년 과정이라 뭔가 빠르게 돌아가서 벌써 제가 취업을 준비하게 되네요.

전 한국에서 LG, 삼성, 현대, GS 등 웬만한 대기업을 돌면서 다양한 산업에서 데이터 분석 마케팅을 했고, CRM이 제 전문 영역입니다. 엔지니어보다는 경영 분야에 가까운 사람이고 데이터를 분석해서 돈 버는 일을 하는 사람이에요. 관련 책도 한국에서 냈고 미국출판도 지금 알아보고 있습니다. 지금 전공도 제 전문 분야와 맥락을 같이 하는 것이고요.

Amazon은 지금 제 타깃 1순위 회사예요. 예전에 한국 eCommerce 회사에서 실시간 상품 추천 업무를 하면서 Amazon을 벤치마킹했었고, 어떤 산업에서 일할까 생각하던 중에 제가 고객 데이터를 분석해서 돈 버는 일하는 걸 매우 즐기기 때문에 Retail 회사를 생각했습니다. 그중에서도 아무래도 지금 주류는 온라인이니 Amazon에서 일하고 싶다는 생각을 하게 되었어요. 큰 회사이기도 해서 비자 문제라든가 그런 부분에도 괜찮을 거 같고, 12월 초에 Amazon에 다니는 동문을 알게 되어 이력서 리뷰도 받아봤었어요. 그러면서 더욱 Amazon에 가고 싶다는 생각을 했고요. 근무지는 시애틀도 좋고 오스틴도 고려하려고 해요.

우선 ○○○ 님께 몇 가지 여쭤보고 싶어요. Amazon 인턴을 지원하는 게 좋은 전략일지, 정식 지원은 언제쯤 하셨는지, 그리고 중요한 비자 문제는 지금 OPT로 계신 건지 아니면 더 진행되신 건지도 여쭙고 싶어요. 동영상을 보니 Amazon 안에서도 여러 포지션으로 지원은 가능할 것 같고요.

많이 바쁘시겠지만 혹시 가능하시다면 좋으신 시간에 Zoom 미팅을 간단히 가져도 좋고, 이메일이나 메시지가 편하시면 그렇게 해도 좋을 것 같습니다.

알게 되어 진심으로 영광이고요. 좋은 새해 시작하시길 바랍니다.

감사합니다.

이렇게 메시지를 보냈을 때, 모든 사람에게 답이 오지는 않았다. 하지만 모르는 사람에게 호의를 베푸는 사람들도 있다는 사실을 알고는 상당히 감동했다. 나중에 나도 누군가 이런 도움을 요청하면 꼭 도와주어야겠다고 다짐하게 되었다.

메시지를 통해 상대방이 채팅에 응하면 대화가 가능한 시간을 정하고 Informational Interview를 준비했다. 대화가 연결되면 간단한 소개를 하고 구직 상황을 설명했다. 대화하는 상대방 회사에 대한 관심을 표현하고 원하는 포지션에 대한 오프닝이 있는지 또는 있을 것인지에 대한 대화도 나눈다. 원하는 포지션에 지원하려면 어떤 것을 준비해야 하는지, 회사의 문화는 어떤지 자리가 난다면 언제쯤 지원하는 것이 좋을지, Referral이 가능한지도 분위기를 봐서 살짝 문의한다. 상대방이 먼저 요구하지 않는 한 냅다 이력서를 들이밀며 "Hire me!"라고 외치지 않도록 주의한다. 또 나중에 OPT를 활용한 업무 시작 날짜(뒤에서 자세히 설명한다)를 범위 내에서 내가 설정해야 하므로 상대방의 회사에 내가 지원할 만한 포지션의 오프닝이 있어서 만약 지원한다면 언제쯤 업무를 시작하는 것을 목표로 잡는 게 좋을지도 물어본다. 결론적으로 나는 9명과 연락이 되어 인터뷰할 기회를 얻었다.

Deloitte의 Strategy & Analytics 컨설턴트

Deloitte 컨설턴트, LinkedIn 대화

2/13

안녕하세요! 저는 Hult International Business School 보스턴 캠퍼스에서 Business Analytics를 전공하고 있는 강지은이라고 합니다. 이전에 한국에서 마케팅 분석 및 CRM 전문가로 경험을 쌓았습니다. LinkedIn에서 일촌이 되고 싶습니다. 감사합니다.

ㄴ re: 안녕하세요. 어떻게 도움이 될 수 있을까요?

2/17

안녕하세요. 우선 일촌 수락해주셔서 감사합니다. 답이 늦었네요. 주말에 학교 과제가 너무 많아서 정신이 없었습니다. International 학생으로서 마케팅 분석가들과 일촌을 맺으면서 마케팅 분석가로서의 업무가 어떤지, 제가 무엇을 준비해야하는지 여쭙고 싶었습니다. 게다가 ○○○ 님이 보스턴 Deloitte 컨설팅 회사에서 분석가로 얼마 전에 일을 시작하셔서 대화를 나누면 좋겠다고 생각했습니다. 다시 연락드리겠습니다. 좋은 하루 되세요!

ㄴ re: 물론이죠. 언제 아침에 15분 정도 얘기할까요?

이 친구는 최근에 컨설팅 회사인 Deloitte에서 분석 관련 컨설턴트로 일하기 시작한 보스턴에 있는 미국인 친구였다. 구직자로서 많은 도움이 될 수 있을 것 같다는 생각에 연락했더니 흔쾌히 대화에 응해줬다.

나도 이런 Informational Interview는 처음이고 사실 이 사람이 누구인지 잘 모르는 상태에서 대화를 하려니 떨리고 긴장되었다. 대화를 해보니 이 친구는 내가 찾는 Analytics 직무는 아니었다. 분석을 매개로 한 Sales 쪽에 가까운 경력을 가진 친구였고, Deloitte에 입사한 지 얼마 안 되어 재택근무를 하면서 계속 트레이닝을 받는 중이었다. 미국 커리어 선배로서 나에게 가르침을 줬다기보다는 컨설팅 회사에서 일하고 싶어서 많은 회사에 지원을 하고 고배를 마시다가 Deloitte에서 일하게 되기까지의 쉽지 않았던 과정을 솔직하게 공유해주었다. 나름대로 본인의 홈페이지도 운영하고 있어서 홈페이지에 대한 소개도 들을 수 있었고 컨설팅 회사 취업 관련 사이트도 알려주었다. 이 친구의 열정과 나를 도와주려는 마음을 고스란히 느낄 수 있었다. 다만 나는 컨설팅 회사를 목표로 한 것도 아니었고, 이 친구의 분석 관련 솔루션 Sales 커리어와도 다소 거리가 있어서 내가 원한 정보를 얻지는 못했다. 내가 컨설팅 회사를 목표로 한다거나 그에 대한 구체적인 질문을 하지는 않았는데, 다른 친구와 헷갈린 것인지 컨설팅에 초점을 맞추어 대화를 이끌어갔고, 대체로 나의 커리어에 대해 이야기하기보다는 그 친구의 이야기를 하는데 집중되어있었다. 그래서 내 입장에서 아주 생산적인 시간은 아니었다. 또 재미있는 사실은, 깜빡한 것인지 의도적인 것인지는 알 수 없으나 이 친구는 LinkedIn에서 나의 일촌맺기는 수락을 하지는 않고 계속 채팅만 했다. 그래도 앞으로 어떻게 해나가야 할지에 대한 교훈을 얻을 수 있어 좋은 첫 Informational Interview 경험이었다.

통신 회사 Comcast 다니는 학교 선배

첫 번째 Informational Interview도 온전히 성공적인 케이스는 아니었는데 두 번째는 다소 황당한 상황이 연출되어 이런 경우도 있다는 것을 공유하고 싶다. 사실 Informational Interview를 하려면 연락처를 주고받아야 해서 조심스러운 부분도 있다. 그래서 전화번호 교환이 불필요한 구글 보이스를 사용하거나, Zoom 오디오만 사용하여 대화를 진행하는 경우도 있다고 알고 있다.

여느 선배들과 다름없이 이분에게도 내가 먼저 메시지를 보냈다. 이분은 빠르게 호의적인 답을 하며 나에게 먼저 Informational Interview를 제안해주었다. 나는 고마운 마음으로 전화번호를 주고받으며 대화할 시간을 정했고, 선배가 전화하기로 했다. 약속된 시간이 다가와 떨리는 마음으로 노트와 필기도구 그리고 예상 질문을 준비해서 기다리고 있었는데 30분이 지나도 연락이 오지 않았다. 나는 LinkedIn에 메시지를 남겼고 이분은 갑자기 회사에 일이 생겼다며, 미안하지만 일주일 후로 시간을 미루자고 했다.

일주일 후 나는 다시 전화를 기다렸고 다시 메시지를 보냈지만 연락이 없었다. 그리고 다음 날 이분의 LinkedIn은 탈퇴한 상태로 표시되어 있었다. 나는 많이 당황스러웠다. 이분이 먼저 Informational Interview를 제안해서 하기로 한 거였고, 아무리 생각해도 내가 무례했다거나 그런 일은 전혀 없었는데 정말 황당한 상황이 되어버렸다. 나는 서로 전화번호를 교환한 것이 내심 마음에 걸렸다. 나도 그 선배 번호를 받기는 했지만, 혹시라도 내 전화번호가 노출된 것이 피해로 돌아오거나 문제가 되지 않을까 걱정되었다. 하지만 다행히 지금까지 그로 인해 일어난 일은 없다. 다만 그 일은 정말 미스터리로 남았다.

Amazon에 다니는 학교 선배

학교 이벤트에서 Amazon에 다니는 선배와의 1:1 대화에 당첨되었다. 우리 학교를 졸업하고 Amazon에 다니는 인도 출신 선배와의 대화였다. 이 선배는 학교를 다니는 도중 Amazon에 다니는 아는 선배의 추천을 받아 지원하고 합격한 다음, Amazon에서 이 선배의 졸업을 기다려주어 졸업 후 Amazon에 바로 입사한 훌륭한 분이었다. 이분의 포지션은 Software Development Manager였다.

나에게 선배와의 대화 30분이 주어졌다. 두근거리는 마음으로 이력서와 Amazon에 지원하고 싶은 포지션 3개를 준비해서 Zoom 미팅에 임했다. 우선 선배는 나의 이력서를 검토해주었다. 이력서에 보유 역량을 너무 많이 나열했다며 5~6개로 압축해서 정리할 것과 숫자 중심으로 이력서를 작성할 것에 대해 얘기해주었다. 또 Amazon은 다양성을 중요하게 생각하므로 내가 International 학생이고 다양한 문화에 대한 경험이 있으면 그 부분을 어필하는 내용을 포함하는 것도 좋다고 말해주었다. Amazon의 중요 덕목 중 하나인 리더십을 어필하기 위해 Project Manager와 같은 리더십 경험에 대한 내용을 꼭 포함하라고 가이드해주었다. 내가 상품 추천 업무 경험과 커뮤니케이션 능력을 이력서에 적어놓았는데 이 부분에 대해서 좀 더 자세히 표기할 것도 조언했다. Amazon에 지원하려는 포지션의 이름에 맞는 용어와 그에 매칭되는 업무가 중심이 되도록 이력서를 작성하는 부분도 언급되었다. 내가 Marketing Analytics 관련 일을 하기 전에 항공사에서 운항관리사로 일한 부분도 이력서의 일부분으로 포함되어있었는데 이 부분이 굳이 Amazon 지원에 필요한 경험은 아니므로 빼는 게 좋을 것 같다는 의견도 들었다.

Amazon Retail은 아무래도 경쟁이 치열하므로 Amazon의 캐시카우인 AWS나 본사 시애틀이 아닌 다른 도시 오스틴이나 뉴욕 등도 염두에 두고, 꼭 미국이 아니더라도 플랜 B로 다른 나라 Amazon 지원도 생각해 볼 수 있음을 알려주었다.

선배는 내 이력서 내용을 바탕으로 내가 지원하면 좋을 만한 Amazon의 오픈된 포지션들을 같이 검색해주었고, 이 포지션들에 대한 정보와 내 이력서를 선배에게 이메일로 보내면 선배가 회사에 나를 추천해줄 것을 약속했다. 나는 아래 3개 포지션에 관심이 갔다.

- Sr. Marketing Manager-Marketing Analytics and Customer Insights
- Senior Integrated Campaign Manager, Amazon Currency Converter for Sellers
- Channel Marketing Manager

나는 Marketing Analytics 일을 재미있게 할 수 있는 Retail 산업을 1순위로 삼고 취업 준비를 했다. 그중 Amazon은 많은 사람이 선망하는 곳인 만큼 사람도 많이 뽑고, 취업 비자나 영주권을 스폰서하는 데 거의 1위인 회사여서 가고 싶은 마음이 컸다. 선배가 많은 것들을 알려주고 포지션 추천까지 해주니 뭔가 진도가 나가는 것 같고 많은 것을 배운 매우 유익한 시간이었다.

Amazon 본사에 근무하는 한국인

LinkedIn에서 열심히 네트워킹을 하다가 최근에 Amazon에 합류한 한국인을 발견했다. 이분은 커리어 관련, 특히 Amazon 입사 준비 관련 유튜브를 운영하고 있었다. 뭔가 배울 점이 많을 것으로 생각되었다. 한국인이라 반갑기도 해서 오랜만에 한국말로 메시지를 보내니 빠르게 일촌맺기 답장이 왔고 Zoom 미팅을 하게 되었다.

이분도 나름의 스토리를 가지고 계셨다. 한국에서 직장 생활을 하다가 미국에서 MBA 졸업 후 우여곡절 끝에 Amazon에 입성했다. Amazon 전에 2개의 회사에서 Job Offer를 받았으나 여러 사정으로 Job Offer가 취소되어 다시 구직을 하다가 전화위복으로 Amazon 본사에서 일하게 된 분이었다. 그런 경험을 한 터라 미국에서 학업을 마치고 취업을 준비하는 한국 사람들을 많이 도와주고 있는 것으로 보였다. 본인의 일이 아니면 귀찮을 텐데 관련 동영상도 제작하고 이렇게 1:1 대화를 하면서 조언하는 모습이 대단히 열정적으로 보였다.

내가 이분과 1:1 대화를 하면서 배운 점은, 내가 잘하는 점에 초점을 맞추어 포지션을 지원하고, 네트워킹 같은 경우는 학교 동창생 중심으로 졸업한 지 얼마 안 된 사람들을 집중 공략해서 그들이 회사에서 어떤 일들을 하는지 배우고 나중에 Referral을 요청하라는 것이었다. 특히 네트워킹할 때 메시지를 보내고 답이 잘 오지 않더라도 한 달에 한 번씩 꾸준히 연락하라고 조언했다. 본인은 거의 1년 동안 끈기 있게 일촌들에게 메시지를 보냈고, 예정된 입사들이 취소되고 절박했을 때 일촌들이 이분의 끈기에 감동하여 도와주었고, 이것이 Amazon 입사로 이어지게 되었다고 했다.

또 내가 가려는 커리어 방향과 비슷한 사람을 찾아보고 Informational Interview를 통해 면접 사전 연습을 하라고 했다. 보통 대학원 과정이 2년이어서 1년이 지나고 방학 때 인턴십을 지원해 그 경험으로 취업의 발판을 마련하는데, 나의 경우는 대학원 과정이 상대적으로 짧아 인턴십을 하고 그것을 활용할 시간이 없으니 네트워킹을 통해 Informational Interview를 할 때 좀 더 적극적으로 대화하고 Referral을 요청해보는 것도 방법일 것 같다고 얘기해주었다. 그리고 인턴십에 관해 조언을 구하니 큰 회사들은 인턴십을 빨리 진행하여 1년 전부터 모집한다고 알려주었다. 결국 나 같은 경우는 학교에 입학하자마자 인턴십에 관해 알아봤어야 하는 건데 한발 늦은 것이었다. Amazon 지원 시 3개 정도의 포지션에 지원하는 것이 좋으며, 나의 졸업이 8월이므로 6월쯤 다시 얘기하고 Referral을 해주겠다고 약속하셨다. 이분과의 인터뷰는 한국말로 진행되어 편했다. 그리고 최근에 나와 비슷한 구직의 상황을 겪은 선배에게 유용한 정보들을 얻게 되어 든든했다. 천군만마를 얻은 것 같았다.

미국에서 찾은 나의 롤모델 Starbucks의 VP

이분을 알게 된 건 정말 행운이다. LinkedIn에서 검색을 하다가 Starbucks에서도 데이터 분석 쪽으로 일하는 인재가 많다는 것과 관련 구인 공고가 심심치 않게 나온다는 걸 알게 되었다. 마침 Starbucks의 Data Insight 쪽에서 일하시는 이분을 찾아내어 메시지를 보냈는데 금방 일촌맺기에 응하셨다. 그래서 Informational Interview를 요청했는데 회사 이메일을 가르쳐주시면서 이메일로 연락하라고 하셨다. 그래서 회사 이메일로 연락했더니 비서에게 내 이메일을 전송하며 미팅 스케줄을 잡아달라고 하셨다. 사실 이때 매우 놀랐다. LinkedIn에서 Data Insight 팀장으로 본 기억이 있었는데 비서가 있을 정도로 높은 분인 줄 몰랐고, 이렇게 높은 분이 LinkedIn으로 얼마 전에 알게 된 나에게 시간을 내어주신다는 것에 크게 감명받았기 때문이다. 비서분의 세팅으로 Zoom 미팅을 가질 수 있었다.

나는 우선 내 소개를 간단히 하고 귀한 시간을 내어 주심에 감사의 인사를 먼저 전했다. 채용 계획, 규모, 프로세스 등에 대해 문의했다. 또 분석할 때 어떤 분석 Tool을 쓰는지, 데이터는 어느 정도 규모로 보유하고 있는지에 대해서도 간단히 질문했고, 내가 Starbucks에 Analytics 포지션으로 입사하려면 어떤 것들을 준비해야 하는지도 물어봤다. 마지막으로 현재 회사에서 가장 이슈는 어떤 것인지 질문하며 마무리했다.

이분은 구직하려는 후배들을 도와주는 것을 매우 기쁘게 생각한다고 하셨고, 본인 추천을 원한다면 직접 대화도 해보고 싶었다고 했다. 내 이력을 듣고는 스펙이 좋다고 하시며 면접 시 지금까지 쌓아온 나의 경험과 지식을 잘 어필하고, 글로벌 경험이 있다면 강조하라고 조언해주셨다. Informational Interview 마지막에는 이력서를 보내라고 하셨다.

뭔가 든든한 빽이 생긴 기분이었다. 그리고 내 스펙이 좋다고 평가해주고, 면접 방향도 가이드해주시니 매우 기분도 좋고 생산적인 시간이었다. 미팅 후 나는 이력서 첨부와 함께 감사의 이메일을 보냈다.

Starbucks VP, LinkedIn 대화

1/29
안녕하세요. 저는 Hult International Business School 보스턴 캠퍼스에서 Business Analytics 석사 과정 중인 강치은이라고 합니다. 한국에서 마케팅 분석가/CRM 전문가로 일했었습니다. Starbucks에 관심이 있어서 일촌맺기 신청합니다.

3/31
먼저 일촌 수락해주셔서 감사합니다. 저는 Hult International Business School 에서 Business Analytics 석사 과정 중인 강치은이라고 합니다. 8월에 졸업을 앞두고 있는데 한국에서 마케팅 분석 경험을 쌓은 터라 마케팅 분석 쪽에 지원하고 싶어서 관련 전문가들을 찾아보고 있었습니다. 운이 좋게도 Analytics & Insight

전문가이신 귀하의 프로필을 보게 되었습니다. 한국에서 eCommerce 기업에서 일하면서 Retail 산업에 매력을 느껴서 Retail 쪽에서 일하고 싶다는 생각을 하게 되었습니다. Starbucks의 오랜 고객으로서 Starbucks가 좋은 기업이라고 생각합니다. 제가 일하면서 기여할 기회가 있다면 좋겠다는 생각을 했는데, 현재 Analytics & Insight 관련 채용하는 포지션이 몇 개 보입니다. 제가 졸업할 때쯤 기회가 된다면 지원하고 싶습니다. 제가 어떻게 준비해야 하는지, 채용 과정은 어떤지 궁금합니다. 괜찮으시다면 잠시 얘기할 시간을 가질 수 있을까요?
좋은 저녁 되시기 바랍니다. 감사합니다.

4/10

안녕하세요. 메시지 고맙습니다. 네, 저는 미국에서의 제 커리어 여행의 시작점에 있고 ○○○ 님을 알게 되어 기쁩니다. 감사하게 생각합니다. 언제쯤 미팅하는 게 좋으신지요? 저는 보스턴에 있어서 3시간의 시차가 있습니다. 어떤 미팅 플랫폼이든 괜찮으니 편하신 미팅 플랫폼을 알려주시면 됩니다. 제 이메일 주소는 □□□@gmail.com입니다.
감사합니다. 좋은 주말 되세요!

5/5

안녕하세요. 저는 Hult International Business School에서 Business Analytics 석사 과정 중인 강지은이라고 합니다. 8월에 졸업을 앞두고 있는데 한국에서 마케팅 분석 경험을 쌓은 터라 마케팅 분석 쪽에 지원하고 싶어서 관련 전문가들을 찾아보고 있었습니다. 운이 좋게도 Analytics & Insight 전문가이신 귀하의 프로필을 보게 되었습니다. 한국에서 eCommerce 기업에서 일하면서 Retail 산업에 매력을 느껴서 Retail 쪽에서 일하고 싶다는 생각을 하게 되었습니다. Starbucks의 오랜 고객으로서 Starbucks가 좋은 기업이라고 생각해서 제가 일하면서 기여할 기회가 있다면 좋겠다는 생각을 했습니다. (이 부분은 앞 메시지에서 썼던 부분이지만 상대방이 나를 기억하기 어려울 수도 있으므로 친절하게 다시 활용했다)
지금 Starbucks에서 뽑는 포지션들을 보면 시장 리서치 쪽에 집중되어있는 것으로 보입니다. 시간이 되신다면 어떤 데이터로 어떤 분석을, 어떤 데이터 Tool로 진행하는지 여쭤보고 싶고 또 제가 어떤 것들을 준비해야 하는지도 궁금합니다. Starbucks의 채용 프로세스나 지원 후 채용까지 걸리는 시간도 알고 싶습니다. 언제가 좋으신지, 어떤 플랫폼으로 대화하면 될지 알려주시면 감사하겠습니다.
좋은 하루 되세요!

5/17
저를 Sr. Data Analytics, Security Strategy & Planning, Global Security and Resilience 포지션에 추천해주셔서 감사합니다. 관련해서 리크루터와 전화 통화를 했습니다. 제 졸업이 8월이라서 6월이나 7월쯤에 다시 얘기하기로 했습니다. 저를 추천해주셔서 감사드리며, 다시 상황을 말씀드리겠습니다.
좋은 한 주 되세요!

Apple 다니는 학교 선배

학교에서 Apple Spotlight Session이라는 이벤트가 있었다. Apple에서 Senior Engineer로 일하는 학교 선배가 와서 Apple의 채용 방법과 타임라인, 인턴십 등에 대해 프레젠테이션을 하고 Apple의 인재상에 대해 설명했다.

Apple의 비즈니스는 AppleCare, Product Operation & Manufacturing Design, Product Marketing, Corporate Retail 4가지 카테고리로 나뉘는데 Product Marketing 카테고리는 매우 인기가 높아 경쟁이 치열하다고 했다. 나는 아래와 같이 학교 이벤트를 통해 알게 된 이 Apple 선배를 LinkedIn에서 일촌맺기를 하고 대화를 시도했다.

Apple Senior Engineer, LinkedIn 대화

1/20
오늘 Apple Spotlight Session 감사합니다. 저는 Hult International Business School 보스턴 캠퍼스에서 Business Analytics를 전공하고 있는 강지은이라고 합니다. 일촌맺기 신청드립니다. 감사합니다.
└re: 물론이죠. 일촌이 되어서 기쁩니다. 궁금한 점이 있으면 말씀 주세요.

4/12

안녕하세요. 일촌이 되고 시간이 좀 흘렀네요. Business Analytics 전공 공부하다 보니 시간이 빠르게 흘렀네요. 제가 8월이 졸업이라 이제 본격적으로 취업을 알아보려고 합니다. 지금 보니 Apple에 제가 지원할 만한 포지션들이 좀 보이네요. 다른 회사들처럼 제가 Referral을 받아서 Apple에 지원 가능한지 궁금합니다. 또 제 졸업이 8월인데 지금 지원하는 것이 좋을지 아니면 졸업이 다가오고 취업 승인을 받을 때까지 기다리는 것이 좋을지도 여쭙고 싶습니다.

감사합니다. 좋은 한 주 되세요!

  ㄴre(4/21): 지은 님, 얘기합시다. 다음 주로 Zoom 미팅 세팅하시겠어요? 화요일이나 수요일 오후 6시가 좋습니다.

사실 Apple에 꼭 가고 싶은 것은 아니었다. 하지만 누구나 아는 좋은 회사기도 하고, 아는 선배도 있으니 좋은 면접 연습 기회라고 생각했다. 혹은 이 선배와의 대화를 통해 내가 Apple에 취업하고 싶어져 좋은 기회를 발견하게 될 수도 있다고 생각했다.

선배와의 1:1 Zoom 미팅을 나는 압박 면접에 비유하고 싶다. 이 시간을 부드러운 배움의 시간으로 생각하고 준비했는데, 막상 Zoom 미팅이 시작되고 나니 선배는 나의 이력이나 소개는 듣지도 않았다. 대신에 본인이 많은 Informational Interview를 동문 후배들과 진행하고 Referral을 했는데 지금까지 인터뷰 기회를 잡은 사람은 단 한 사람뿐이라며 다소 흥분해서 얘기를 했다. 그리고 내가 원하는 지원 분야를 묻더니 가장 경쟁이 치열한 Product Marketing 카테고리라서 인터뷰 기회를 잡기조차 쉽지 않을 것이라고 했다. 그리고는 갑자기 분위기가 인터뷰처럼 흘러갔다. "Apple에서 상품을 새로 출시했는데, 데이터가 없다. 그러면 이 상품을 어떻게 마케팅할 거냐?"라는 질문이 던져졌다. 이에 내가 Marketing Analytics이므로 과거 데이터를 분석해서 어찌어찌하여 마케팅한다고 대답하니, "데이터가 없는 상황이다. 그러면 어떻게 할 거냐"고

쏘아붙여서 조금 난감했다. Informational Interview가 아니라 압박 면접으로 느껴졌다. 마지막에는 내게 경력이 몇 년이냐고 묻길래 15년 이상이라고 하니 그때 약간 움찔하면서 경력을 바탕으로 준비 잘하라고 해 주셨다.

이력서를 빛나게 만들고, 나와 가장 잘 맞는 포지션에 지원하는 것이 매우 중요하다고 하셨다. 특히 Apple과 비슷한 산업의 전자 회사에 근무 경력이 있으니 그 경력을 충분히 어필하고, 나를 왜 뽑아야 하는지 그리고 Apple에 들어가서 무엇을 하고 싶은지에 대해 잘 정리하라고 하셨다.

이 Informational Interview에 대한 내 결론은 Apple은 내가 갈 곳이 아닌 것 같다는 것이었다.

eBay 다니는 학교 선배

한국에 있을 때 온라인 쇼핑몰에 근무하면서 일에 재미를 많이 느꼈기에 eCommerce 회사를 기웃거리기 시작했다. 한국은 쿠팡, GS SHOP, SSG, 11번가 등 관련 회사가 여럿인데, 미국은 Amazon이 워낙 강력하다 보니 Amazon 이외의 다른 회사가 생각나지 않았다. 그 와중에 예전 직장 동료가 한국 eBay에 근무 중인 것이 떠올라 본사 근무 환경은 어떠한지, 들은 소문이나 정보는 없는지 물어보았다. eBay 본사는 근무 환경이 좋고 다니기 좋은 회사라고 한다. 그래서 LinkedIn에서 eBay 회사를 검색하다 보니 내가 유학 중인 학교의 선배가 검색되었다. eBay에서 Project Manager로 근무하는 중이었고 졸업한 지 5년 정도 된 분이었다. LinkedIn으로 메시지를 보내니 금방 답을 주셨고 바로 본론(Referral)으로 대화가 이어져서 1:1 Zoom 미팅을 진행했다.

나에 대한 소개를 간단히 하고 eBay의 문화와 근무 환경이 어떤지,

그리고 채용 프로세스는 어떻게 되는지 문의했다. 마지막으로 내 상황에서 도움될 만한 얘기를 해달라고 하니 "Be yourself!"라고 하셨다. 이후 실제 인터뷰 중에 이 말을 떠올리며 자신감을 가지고 임할 수 있어 큰 도움이 되었다.

선배는 얼마 전에 학교 동문이 Referral을 받아 갔다면서 내가 관심 있어 하는 3개 포지션에 대해 추천을 해주겠다고 했다. Zoom 미팅을 마무리하고 해당 포지션에 대해 이력서를 보냈다. 따뜻한 선배를 알게 되었다는 생각이 들었다. 다음은 내가 추천받은 포지션이다.

- Client Insights Manager

- Manager, Marketing Analytics

- Sr Analyst, Analytics

eBay Project Manager, LinkedIn 대화

3/29
○○○ 님. 저는 Hult International Business School 보스턴 캠퍼스에서 Business Analytics를 전공하는 강지은이라고 합니다. eBay에 관심 있어서 일촌맺기 신청 드립니다. 감사합니다.
└ re: 지은 님 안녕하세요? 어떤 포지션에 관심 있으신가요?

3/29
먼저 일촌을 수락해주셔서 감사합니다. 제가 세부적으로 관심 있는 분야는 마케팅 분석 포지션입니다. eBay에는 eCommerce 외에 여러 사업 분야가 있는 것으로 보이네요.
eBay 미국 본사는 어떤지 궁금해서 우연히 한국 eBay에 다니는 친구와 오늘 대화를 하게 되었습니다. 이전에 제가 한국에서 큰 eCommerce 회사에서 일하면서 최종 소비자와 밀접하게 소통하는 점이 큰 매력이라 느껴서 eCommerce에서 일하고 싶다는 생각을 했습니다. 물론 소비자와 밀접하게 소통하는 만큼 리스크도

있고 어려운 일이라는 것도 잘 압니다. 기본적으로 저는 마케팅 인재이기 때문에 마케팅 쪽 분석 포지션에 관심이 있습니다. eBay 조직 문화는 어떤지 궁금합니다. 선배님이 최근에 eBay에 입사하신 것으로 보여 eBay에 지원을 준비하는 저에게 팁을 주실 수 있지 않을까 합니다.

괜찮으시다면 저랑 잠시 대화할 시간을 내어줄 수 있으실까요?

Wayfair 근무하는 학교 선배

Wayfair는 한국에서 사업하는 회사는 아니어서 미국 생활을 한 사람이 아니라면 생소한 회사일 것이다. 나도 보스턴에서 학교를 다니면서 이 회사를 처음 알게 되었다. 2011년에 시작된 가구 관련 온라인 회사인데 이케아 같은 회사다. 다만 Wayfair는 저가뿐만이 아니라 고가의 상품도 다루고 자체 브랜드도 여러 개 보유하며 보스턴을 본사로 둔 회사다. 35달러 이상 구매 시 무료 배송이 가능하다는 점이 큰 매력이다. 보스턴에서 학교생활을 하면서 이 회사를 우연히 알게 되었고 eCommerce 회사를 목표로 하다 보니 자연스럽게 관심이 갔다. 보스턴에서 몇 년째 살고 있는 학교 친구에게 물어보니 보스턴 지역에서 존경받는 좋은 회사라고 한다. 나중에 보니 Harvard University MBA 출신들도 관심 있게 지원하는 회사였다.

LinkedIn에서 이 선배를 찾았다. MBA 졸업 후 에너지 회사에서 몇 년 근무하다가 몇 년 전부터 Wayfair에서 일하고 있는 베네수엘라 출신 선배였고 공급망 부서 쪽에서 일하고 있었다. 선배는 흔쾌히 내게 전화번호를 가르쳐주셨고, 이후 Informational Interview를 진행하게 되었다.

선배님은 본인의 커리어에 대한 간단한 소개와 회사에 대한 소개, 역사, 장점 그리고 채용 프로세스에 대해 설명해주었다. 회사에 대해 매우 상세히 알고 계셨고 자부심을 느끼고 있다는 것이 느껴졌다. 이 선배는 회사에 대해 매우 만족하며 다니고 있었고 Wayfair는 매년 빠르게 성장하고 있는 회사라고 했다. 코로나를 맞아 사람들이 집에 머무는 시간이 많아서 더 그런 추세라고 했다.

지원하면 보통 두세 번의 면접이 있다고 했다. 면접에 대비하는 방법 첫 번째는 회사에 대해 리서치를 많이 하는 것이었다. Annual Report, 특히 매출 등 재무 관련 내용이 있는 페이지를 꼭 읽고 회사 관련 기사를 찾아 읽으라고 하셨다. 또 회사 홈페이지에서 리더십에 관한 내용을 꼭 보라고 하셨다. 두 번째는 리크루터에게 향후 비자 스폰서십 관련 문의를 꼭 하라고 했다. 왜냐면 항상 비자 스폰서십을 해주는 것은 아니기 때문에 International 학생으로서 이 부분이 중요한 나에겐 사전에 꼭 확인해야 할 부분이라는 것이었다. 세 번째는 Wayfair의 경우 실제 회사의 문제를 면접 질문으로 내고 얼마간의 시간을 준 다음 그에 대해 답을 하거나 발표를 하게 하는 Case Interview가 있으니 이에 대해 준비를 하라고 했다. 마지막으로 내가 지원하는 Analytics 포지션에는 SQL Test가 있을 것이니 이에 대한 준비도 필요할 것이라고 했다. 비록 30분밖에 되지 않지만, 매우 정성스럽고 가치 있는 시간이어서 감사한 마음이 들었고 어떻게 Wayfair 입사를 준비해야 하는지에 대한 감이 생겼다.

Wayfair 근무하는 Senior Marketing Analytics

LinkedIn에서 또 다른 최적의 선배를 찾았다. Wayfair에 다니는 Senior Marketing Analytics 포지션을 맡은 분인데 내가 원하는 Wayfair를 다니는 데다가 내가 원하는 Marketing Analytics 포지션이니 더할 나위 없이 딱 내가 대화하고 싶은 분이었다. 이분은 학교 졸업 후 리서치 회사에서 2년간 근무하다가 Wayfair로 이직한 경우였다. 이분도 회사에 대해 대단히 만족하고 있었다. eCommerce라서 깊게 분석할 데이터가 많으며 포지션 중 원하는 업무가 있으면 유연하게 이동할 수도 있다고 했다. 또 이분은 이전 회사에서 분석 Tool을 다루지는 않았는데 이곳에 입사해서는 배우며 일할 수 있는 분위기여서 매우 좋았다고 했다. 조직 분위기가 좋고 정기적으로 팀이 친목을 도모하는 시간도 있어서 팀원 간에 좋은 관계를 유지하는 데 큰 도움이 된다고 했다. 간단한 회사에 대한 설명과 함께 어떤 마케팅 분석을 하는지에 대해 알려주었고, 채용 프로세스에 대한 얘기를 나눴다.

프로세스의 첫 번째로는 리크루터의 Phone Interview가 진행된다. 회사 소개, 채용 목표, 지원하는 포지션에 대한 이해를 돕는 내용과 함께 일반적인 인터뷰 질문이 던져진다. 이를 통과하면 다음 라운드는 비즈니스 케이스 질문이다. 앞의 다른 선배가 얘기해준 Case Interview인데, 이는 컨설팅 회사의 면접과 비슷하다. 보통 1~2개의 질문을 주고 실시간 면접으로 진행되며 30~45분간 이어진다. 비즈니스 케이스를 주고 문제를 해결하는 방법이 얼마나 논리적이고 분석적인가를 살펴보는 것이다. 두 번째 라운드를 통과하면 그다음은 Behavioral Interview인데 업무하다가 실수했을 때 어떻게 대처하는지 등 회사 인터뷰에서 흔히 예상할 수 있는 질문들이 던져진다.

선배가 취업 준비 관련해서 내게 전한 조언은 Case Interview에 대비하기 위해 컨설팅 회사의 입사 면접 질문들을 연습하고 정직하고 명확하게 대답하여 내 역량을 최대한 보여주라는 것이었다. 또 면접 마지막에 할 질문을 꼭 준비해서 회사에 관심이 있음을 보이라고 했다. Wayfair에 다니는 학교 선배에 이에 Marketing Analytics 선배와 대화를 하니 Wayfair는 잘 준비할 수 있을 것 같은 자신감이 들었다.

그 외 LinkedIn에서 얻은 정보

이 밖에도 나의 전 회사의 미국 법인에서 일하시다 현재는 미국에서 신용카드 회사에 다니고 있는 분을 LinkedIn에서 만나 메신저로 대화를 나누면서 그 회사 취업 정보를 얻을 수 있었다.

또 LinkedIn의 내가 가입한 Group 'Marketing Analyst'의 어느 Job Posting에 '좋아요'를 눌렀더니 미국 캐피털 회사의 Analytics 팀장님이 나에게 먼저 채팅을 보내왔고, 대화를 나누면서 취업 정보를 얻을 수 있었다. 이분은 내가 지금 당장 일할 수는 없는 상황이니 졸업 즈음에 다시 연락하고 대화를 나누자고 했다.

구직 활동 타임라인과 OPT 준비 − OPT, CPT, SSN

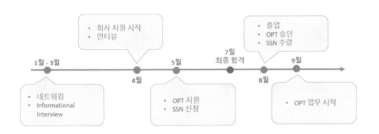

나는 인턴십 지원에는 크게 중점을 두지 않았다. 몇 군데 지원서를 넣어보기는 했다. 하지만 나는 여느 대학원생들과는 달리 1년짜리 과정이라 인턴십을 발판으로 정식 취업을 진행할 시간이 없다고 판단했다. 그리고 인턴십의 구인 내용을 보니 경력자보다는 완전 새내기들에게 기초적인 일을 맡기는 경우가 많고 무급도 많았다. 돈을 떠나서 경력에 도움이 될 만한 기회가 있다면 기꺼이 내 시간과 에너지를 투자할 수 있겠지만, 그 인턴십 기회가 정식 취업으로 연결된다는 보장도 없고 투자 대비 가치 있는 시간이 될 것 같지 않아서 몇 번 지원하다가 인턴십은 신경 쓰지 않기로 했다.

언제부터 본격적인 구직 활동을 시작해야 하는지도 중요한 문제였다. 앞서 나와 Informational Interview를 진행한 Amazon 근무 선배는 조금 특별한 케이스로 미리 입사가 결정된 후 회사가 6개월이나 입사를 기다려주었지만, 모든 회사가 그렇게 인재를 기다려주지는 않을 것이다. 인생의 파트너를 만나는 데도 Right Time이 있듯 회사를 만나 인연을 성사시키는 것도 타이밍이 중요하다. 특히 나는 International 학생이라서 OPT를 통해 취업 승인을 받아야만 일을 시작할 수 있기 때문에 내가 졸업하고 취업 승인을 받을 수 있는 기간과 입사 프로세스를 거쳐서 Offer를 받을 수 있는 타이밍이 어느 정도 맞아야 했다. 언제부터 취업에 매달려야 하는지에 대해서는 학교의 커리어 어드바이저를 통해서도 문의해봤는데, 그녀의 조언은 Informational Interview를 하면서 선배들에게 물어보며 어느 정도 감을 잡으라는 것이었다. 하지만 이 방법도 쉽지는 않았다. 왜냐면 Starbucks의 경우 4주 만에 모든 채용 과정이 끝난다고 했고, 다른 회사는 채용 기간으로 2개월을 얘기했다. 이렇듯 채용 기간이 회사마다 조금씩 달랐다. 그리고 지원자가 입사 가능할 때까지 기다려주는 곳도 있었지만, 아닌 곳도 있었다.

그래도 나에게 잘 어울린다고 생각하는 회사와 포지션을 발견했을 때는 그냥 지원해보았다. 입사하지 못한다 하더라도 좋은 연습이 될 수도 있고, 나중의 좋은 결과를 위한 발판이 될 것이라고 생각했다. 그렇게 좀 이르다 싶은 시점인 졸업 5개월 전에 지원한 몇 개의 회사에서 나중에 졸업 2개월 전쯤 다시 진행하자는 피드백을 받았고, 그것을 통해 업무 가능 시점에서 2~3개월 전쯤부터 본격적인 구직 활동이 이루어져야 한다는 감을 잡을 수 있었다. 본격 구직 기간은 'OPT를 활용한 업무 시작 시점'과도 연결되므로 이 부분에 대해 치밀한 전략을 짜는 것이 필요했다.

미국 취업 그 자체만으로도 머리가 아픈데 International 학생은 OPT에 대해 학교 입학부터 촉각을 곤두세워야 한다. OPT(Optional Practical Training)는 International 학생이 학위와 관련된 일을 졸업 전이나 후에 12개월간 할 수 있도록 돕는 제도로, 전공에 따라서 STEM(Science, Technology, Engineering and Math) 관련 학위를 가진 학생들은 12개월 일한 후 24개월간 더 연장해서 일할 수도 있는 제도다. 미국 회사 취업을 목표로 하지 않아 OPT를 활용하지 않는 친구들도 간혹 있다. 하지만 OPT 프로그램은 미국 유학의 최대 장점이라고 할 수 있으며, 미국에서 학위 취득 후 OPT를 통해 취업을 하고 회사의 스폰서십을 통해 취업 비자(H1B)를 받은 후 영주권을 받는 것이 가장 보편적인 이민 방법이다.

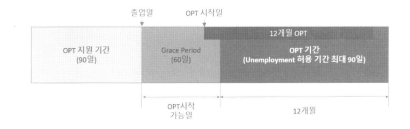

먼저 사람들이 가장 헷갈리는 부분이 이 OPT와 실제 취업의 상관관계다. 간단히 말해 OPT는 일할 수 있는 권한을 승인받는 것이다. 따라서 이 OPT 승인으로 EAD(Employment Authorization Document) 카드를 받아야만 미국에서 일할 수 있게 된다. 아무리 회사가 나를 마음에 들어 하고 같이 일하고 싶어 해도 취업 승인이 없으면 일을 할 수가 없다. 따라서

OPT 승인을 받는다고 해서 일을 시작하는 것은 아니고 취업할 수 있는 권리를 부여받는 것이니, 회사에 지원해서 Job Offer를 받는 작업은 별개의 일이다. 결국 일차적으로 OPT 승인을 받은 뒤, 회사에서 Job Offer를 받아야 일을 할 수 있는 것이다.

OPT는 지원 가능 기간이 정해져 있고, 승인된 OPT는 총 12개월간 이용할 수 있지만, OPT로 업무를 시작할 수 있는 기간 또한 정해져 있어서 그 기간 내에 업무를 시작해야 한다. OPT 시작 후 최대 90일의 무직 기간이 주어지고, 이를 넘으면 OPT가 더 이상 유효하지 않아 빠른 시일 내에 미국을 떠나야 하며 향후 다른 비자 발급에까지 영향을 받을 수 있다.

따라서 이 OPT 제도를 활용할 때 가장 중요한 것이 OPT 시작 날짜를 정하는 것이다. 왜냐하면 OPT 지원은 졸업 일 90일 전부터 할 수 있고, 졸업 후 60일이 지나기 전에 OPT를 시작해야 하기 때문이다. 이 기간 내에 일을 시작하지 않을 경우, 무직 날짜가 카운트되고, 그렇게 최대 90일까지 카운트가 된다. 따라서 Job Offer를 받아서 일을 시작하는 날짜와 OPT가 시작하는 날짜가 최대한 가까워야 한다.

60일의 Grace 기간 안에 빠른 OPT 시작 날짜를 정하게 되면 OPT 시작 날짜가 빠르므로 일을 일찍 시작할 수는 있지만, 구직 시간이 부족할 수 있다. 반면에 OPT 시작 날짜를 늦게 세팅하게 되면 OPT를 신청하고 EAD 카드를 받는 시간을 벌 수 있고, 구직하는 시간도 벌 수가 있지만, 만약 OPT 시작일 전에 입사를 해야 하면 입사일을 늦춰서 OPT 시작일이 도래할 때까지 기다려야 한다.

외국인이므로 일할 회사를 잡는다고 일을 할 수 있는 것도 아니며, 취업 실패는 곧 미국 체류에도 영향을 미치므로 OPT 시작일을 잘 정하고 EAD를 받는 과정까지를 꼼꼼히 챙겨야 한다. 이게 사실 엄청난 스트레스고 언제 취업이 확정될지 알 수도 없기에 거의 도박에 가깝다. 내가 지원할 때는 우편접수로만 가능했는데 요즘엔 온라인으로도 가능하다. 서류를 빠짐없이 제출하고 기입하는 부분도 꼼꼼히 확인해야 하는데 특히 EAD 카드를 받을 주소를 잘 작성해야 한다. 보통 OPT 신청은 졸업 즈음에 이루어지므로 기숙사에서 생활하거나 졸업 후 주소가 바뀌는 친구들은 졸업 전의 주소로 EAD 카드를 받을 수 없게 되므로 반드시 안전한 곳으로 주소를 지정해야 한다. 나는 미국에서 회사를 다니는 친구의 집으로 주소를 지정했다. 운이 좋지 않은 경우는 이 주소에서 문제가 발생해 EAD 카드 수령이 늦어져 입사일에 영향을 주거나, OPT 기간에 영향을 줄 수도 있다.

OPT 신청을 하면 90일 이내에 승인을 받고 EAD 카드를 수령한다고 되어있지만, 그 90일 이내에 언제 EAD 카드가 안전하게 나에게 도착할지는 아무도 알 수 없다. 늦게 신청을 하면 그만큼 늦게 수령할 확률도 커지는데, 그마저도 코로나로 기간이 더 길어지기도 했다. 내 친구의 경우는 EAD 카드가 예상보다 늦게 도착하는 바람에 회사에 양해를 구하고 입사일을 늦춰야 했고, 그로 인해 OPT 기간이 12개월이 아닌 11개월밖에 진행되지 못하기도 했다. 또 다른 친구의 경우, EAD 수령 주소를 제대로 작성했음에도 불구하고 이를 접수하는 쪽에서 우편번호를 잘못 표기하는 바람에 존재하지 않는 우편번호로 발송되어, EAD 카드를 재요청하고 아주 늦게 카드를 받기도 했다. 이런 특별한 케이스가 생겼을 때 USCIS(미국 이민국)에 잘못을 확인하고 수정하기 위한 전화통화 연결은 대단히 어렵고 인내를 요구하므로 멘붕에 빠지고 식겁하는 경험을 하게 된다. 그렇기에 OPT 접수를 완료하고 나면 접수 확인증과 승인 알림, EAD 카드를 하염없이 기다리게 된다.

OPT 외에도 CPT(Curricular Practical Training)를 활용할 수도 있다. OPT 와 달리 CPT는 졸업 전에 사용 완료해야 하고 CPT를 12개월 동안 사용 하게 되면 OPT는 불가능하다. USCIS에 지원해서 승인을 받아야 하는 OPT와는 달리 CPT는 USCIS와 관계없으며 CPT 수행은 학점으로 간주 될 수 있다. OPT와 CPT의 가장 근본적인 차이는 OPT는 취업 권한을 받 는 것으로, OPT를 허용하는 회사라면 어느 회사든 지원이 가능한 반면 CPT는 지원 가능 회사가 정해져 있다는 점이다. 학교를 통해 CPT를 신 청하면 몇 주 안에 승인이 나고 바로 사용 가능하다. 졸업 전 12개월 미 만의 CPT를 사용하고 졸업 후 OPT를 사용하는 것도 가능하다. 가장 바 람직한 방법은 좋은 회사에서 CPT를 하고, 그 회사에서 Job Offer를 받 아 졸업 후 OPT까지 시작하는 것이다.

또 하나 OPT 신청 때 많이 신청하는 것이 SSN(Social Security Number) 이다. 한국의 주민등록번호 같은 것인데, 일을 하기 시작하면 세금 등으 로 이 번호가 필요하다. 일을 시작하기 전 SSN을 발급받는 방법은 CPT 등으로 수입이 생기면서 자연스럽게 발급받는 것인데, 그런 경험이 없 으면 보통 OPT 시작과 동시에 SSN을 발급받게 된다. SSN은 OPT를 신 청할 때, 신청서 한 칸에 있는 SSN 신청란에서 같이 신청할 수 있다. 따 로 신청하려면 예약을 통해 SSN 발급센터에 직접 방문해야 하기 때문에 OPT 신청 시 같이 신청하는 것이 편리한 방법이다. 이렇게 신청하고 나 면 보통 EAD 카드 도착 후 2주 이내에 SSN이 도착한다.

나는 이 SSN 관련해서 조금 불편을 겪었다. EAD 카드는 도착했는데 2주가 되어도 SSN이 도착하지 않아서 발급 관련 기관에 전화를 했다. 그 전화 연결도 쉽지 않았다. 그런데 확인 결과 내 SSN 신청 등록 이력이 없다는 것이다. 이 사실을 확인한 날이 졸업식 당일 아침이어서 졸업식에 참석해야 하나 말아야 하나를 심각하게 고민했었다. 부랴부랴 SSN 발급센터로 전화를 하니 방문예약 전화 자체를 2주간 기다리라고 했다. 그리고 2주 내 전화를 받아 예약하면 그다음에 SSN 발급을 위한 센터 방문을 할 수가 있다고 했다. 방문해서 신청하면 또 2주가 지나야 SSN이 발급된다. SSN 발급이 빠르지 않다고 알려져 있지만 코로나로 인해 그 기간이 더 길어졌다. 입사를 준비하는 회사에서는 SSN이 언제 나오냐고 물어봐서 언제쯤이라고 답해야 할지 좀 난감했고, 그저 기다리는 것 외에 달리할 방법이 없었다. 그렇게 방문예약을 위한 전화만을 하염없이 기다리고 있었는데 SSN이 친구 집으로 도착했다. 뭔가 중간에 착오가 있어서 내가 SSN 발급센터에 전화했을 때 확인해주는 분이 그런 등록 이력이 없다고 말씀하신 것 같다. 나는 십년감수하고 결과적으로 입사 전에 문제없이 SSN을 발급받을 수 있었다.

OPT 지원이 승인되고 EAD 카드가 발급되면 일을 시작해야 한다. 그런데 이 OPT 시작일이 되어도 Job Offer를 받지 못할 수가 있다. 그러면 무직, Unemployment로서의 시간이 카운트되기 시작한다. Job Offer를 받았다고 하더라도 입사 일자가 Unemployment 90일을 다 채우고 난 이후이면, OPT의 효용을 잃어 일할 수 없게 된다. 이런 일을 방지하기 위해 무보수 일을 알아보는 경우도 봤다. OPT 승인을 받고 시작일에 맞춰 일을 시작하면 베스트지만 일정이 딱딱 들어맞지 않으면 이렇게 일이 복잡해진다. EAD 카드를 받고 입사해서 일을 시작한 경우에는 업무 시작 10일 이내에 OPT 관련 포털에서 OPT 시작에 대한 정보를 입력해야 하며, 정보를 입력하지 않은 채 10일이 지나면 이후 체류 신분에 문제가 생길 수 있다.

본격 구직 활동 - 입사 지원, Referral

8월 졸업을 앞두고 나는 4월에 슬슬 구직을 위한 시동을 걸었다. 본격적으로 회사 지원을 시작한 5월부터의 나의 하루는 LinkedIn에 새로 등록된 포지션에 대한 알림(Job Alert)을 확인하고, 나에게 맞는 포지션에 지원하는 것으로 시작했다. 이 알림은 3개까지 키워드를 설정해놓을 수가 있다. 나의 알림 키워드는 'CRM, Marketing, Analytics'이었다. LinkedIn의 Job Posting을 보면서 나에게 맞는 포지션의 타이틀을 보고 키워드를 선정했다. 매일 이 키워드를 포함하는 새로 등록된 포지션이 올라오면 포지션을 검토한 후 나에게 맞는 포지션이 있으면 지원했다.

기본적으로 내 이력서를 다듬어놓기는 했지만 지원하는 회사에 따라, 포지션에 따라 필요로 하는 주요 역량이 조금씩 다르므로 지원하는 회사의 산업이나 포지션에 맞춰서 이력서를 조금씩 수정해서 지원했다. 어떤 회사는 지원 사이트에 리크루터에게 남길 메시지나 커버레터를 요구하기도 했다. 하루에 적게는 한 곳에서 많게는 열 곳 정도를 지원하다 보니 이력서를 원하는 회사의 지원 양식으로 수정하는 일에 많은 시간을 써야 했다.

이 지원 과정에서 변수로 작용하는 것이 Referral이었다. 앞서 미국 취업 시장에서는 이 Referral을 활용하는 것이 하나의 과정으로 자리 잡혀있다는 얘기를 했다. 본격적으로 지원을 시작하니 이 Referral을 받는 것이 좀 막막했다. 사실 Informational Interview를 하는 이유 중 하나도 이 Referral을 받기 위함이 크다. 지금 생각해보니 이 Referral을 받으려면 일찍부터 도와줄 사람을 접촉하고, 어느 정도의 기간 동안에 나를 알려 상대방이 나를 도와주고 싶은 마음이 들게끔 하는 것이 중요하다는 생각이 든다. 내가 Referral을 요청할 당시 나는 도움을 요청하는 입장이었고 절박한 상황이었다. 이제 취업을 하고 내가 누군가를 도와줄 수 있는 입장이 되어 보니 Referral 해줄 사람을 제대로 알아야 Referral을 할 수 있겠다는 생각이 든다. Referral을 한다는 게 지원자의 서류에 내 사번이 링크되고 어느 정도 이 사람이 입사할 시 내가 책임을 지는 부분도 있기 때문에 조심스럽다. 한편으론 꼭 Referral이 필요한 것은 아니라는 생각도 든다.

다만, 만약 FAANG 기업 입사를 원한다면 Referral은 필수다. 예를 들어, Amazon의 경우 하루에도 수만 개의 지원서가 접수되기 때문에 Referral 없이 면접까지 가기는 매우 어려운 것으로 보인다. 심지어 Referral이 있어도 Amazon 면접을 보기는 힘들었다. Amazon에 다니는 지인이 본인의 팀에 자리가 났는데 마침 내가 적임자라고 하여 이력서를 리크루터에게 전달했다. 리크루터는 내 이력서를 보고 내가 그 포지션에 적합하다고 판단해서 나에게 지원 링크를 주며 그 포지션에 지원하라고 말했다. 그렇게 나는 면접을 볼 수 있었다. Meta(Facebook), Google은 Referral 없이 지원했고 아무 연락도 받지 못했다.

애틀랜타가 내가 목표로 하는 도시 중 하나이기에 애틀랜타에 있는 The Coca-Cola Company에 지원하기 위해 LinkedIn 일촌에게 Referral을 요청했지만 받을 수 없었다. Starbucks의 경우, Informational Interview를 진행한 VP분이 Referral을 리크루터에게 직접 해주셔서 리크루터와 대화는 나누었지만, 당시 나에게 딱 맞는 포지션이 없었고 졸업도 4개월 정도 남은 터라 몇 달 후 다시 연락하자며 대화가 종료되었다.

eBay는 Informational Interview를 한 학교 선배가 3개의 포지션에 나를 Referral 해주었고 가끔 지원 사이트에 들어갔지만, 나의 지원 상태는 계속 '검토 중'이다가 언제인가 '검토 완료'로 변경되어있었다.

Wayfair는 Referral 없이도 지원 후 리크루터에게 연락이 와서 면접을 진행할 수 있었고, AT&T도 Referral 없이 면접 단계로 갈 수 있었다. 지원할 때는 주로 LinkedIn을 이용했지만 Referral이 입사에 중요하게 영향을 미치는지는 또 다른 큰 채용사이트인 Glassdoor를 통해 가늠했다. Glassdoor에서는 회사 지원·면접 후기를 남긴 사람들의 입사 경로가 나오는데, 그 경로를 확인해 보니 Referral의 비중이 높은 회사도 있었지만 그냥 온라인으로 지원해서 면접을 본 사람들이 많은 회사도 꽤 보였다. 그래서 온라인 지원 비중이 높은 회사에는 Referral 해줄 사람을 찾지 않고 패기 있게 온라인으로 지원했다.

나는 4월부터 본격적으로 지원해서 다음 표와 같이 지원 회사를 정리했고, 7월 말에 Job Offer를 받을 때까지 약 138개 회사에 지원했다.

Resume Submissions

Job Applied For	Company Name	Date	Comments
Senior Director, Performance Marketing	Trip Advisor	May 22	–
Sr. Analyst, Strategic Analytics	Comcast	May 23	NA
Senior Business Analyst	Comcast	May 23	–
Senior Analyst, CRM Strategy & Analytics	Walgreen	May 23	NA
Senior Analyst, Advanced Analytics	Liberty Mutual Insurance	May 23	NA
DB Marketing Sr, Analyst	Citi Bank	May 23	–
Sr. Analyst-Marketing	American Express	May 23	–
Senior-Business Analytics	AT&T	May 24	6/8 Interview

6월에서 7월까지는 아침에 일어나면 서류전형 불합격 이메일을 확인하느라 정신이 없었던 것 같다. 보통 제목은 'Thank you for your application/interest in (회사 이름)'으로 시작됐다. 내용은 '당신은 훌륭한 사람이지만 다른 후보자랑 다음 단계를 진행하게 되어 유감이다', '이미 다른 후보를 뽑았다' 등이었다. 자동으로 새벽시간 이메일 발송을 설정한 것 같은데 아침에 눈을 뜸과 동시에 이런 이메일을 읽게 됐고, 다소 우울한 기분으로 하루를 시작하는 날이 종종 있었다.

불합격 이메일 예시

지은 님, 저희 ○○○의 채용에 관심 가져주셔서 감사합니다.
고심 끝에 Manager, Customer Experience Analytics 포지션에 합격하지 않았음을 알려드립니다. 저희는 후보님의 옵션 선택하에 후보님의 프로필을 데이터베이스에 저장하여 후보님과 맞는 포지션이 오픈되면 알려드리겠습니다. 향후 원하시는 포지션 오프닝을 확인하기 위해 저희 채용사이트를 정기적으로 방문하는 것도 추천드립니다. 귀하의 커리어에 성공을 빌며, 저희 채용사이트를 자주 방문해주십시오.

○○○ 리크루팅

인터뷰

4월부터 지원을 하다 보니 서서히 내가 진짜 가고 싶어하는 회사가 간추려졌다. 본격적인 지원을 시작하면서 포지션이 마음에 들어 초반에 지원한 AT&T, 보스턴에 있고 eCommerce 회사라 관심이 간 Wayfair 그리고 eCommerce의 지존이자 모든 사람이 선망하는 회사 Amazon이었다. 이 세 회사 중에 하나는 반드시 붙자고 생각했다. 세 회사 외에도 면접을 본 회사들이 있었는데 하나씩 내 면접 경험을 공유하고자 한다.

> ### AT&T 채용 프로세스
> ① 온라인 지원 → ② 1차 면접 → ③ 레퍼런스 체크 →
> ④ 기술·인성 면접 → ⑤ 동료 면접

① 온라인 지원

LinkedIn에서 AT&T의 Senior Business Analytics 포지션을 발견했다. 본사인 댈러스 근무였다. AT&T는 크고 오래된 회사라 익히 알고 있었고 나 또한 AT&T 사용자이기도 했다. LinkedIn에서도 오픈 포지션이 많고 랭킹이 좋은 회사라 마음이 끌렸다. 온라인 지원 시 Referral이 중요할지는 Glassdoor에서 확인해봤다.

여러 채용사이트와 나의 활용 방법

Linked in	glassdoor	indeed
· 내 프로필 노출	· 회사 정보 및 직원 리뷰 검색	· 오프닝 포지션 검색 및 알람
· 관심 분야 회사/전문가 검색	· 인터뷰 자료 검색	
· 네트워킹	· 구인 방법 및 트렌드 검색	
· 1:1 채팅		
· 관심 분야 커뮤니티 활용		
· 오프닝 포지션 검색		
· 오프닝 포지션 알람		
· 회사 지원		

대부분 온라인으로 지원했고 Referral이 그리 중요한 것 같진 않아 보였다. 그래서 AT&T 커리어 사이트를 통해 지원하고 기다리니 2주 만에

이메일로 연락이 왔다. 그때 이메일로 연락하신 분이 지금 나의 팀장님이다. 입사할 때까지 그분이 내 팀장님인 줄 몰랐다. 월요일에 이메일이 와서 화요일이나 수요일 중 면접이 가능한 시간을 선택하게 해줬다. 나는 화요일을 선택하고 면접 준비에 돌입했다. 간단한 자기소개를 준비하고, Job Description을 자세히 보고 포지션을 이해함과 동시에 예상 질문에 대한 대답을 준비했다. 예상 질문은 Glassdoor에서 예전에 AT&T에 면접 본 사람들이 남긴 후기를 보면서 대략 간추렸고 이를 중심으로 연습했다.

다음은 간단한 내 소개의 예시다. 면접 보는 회사에 맞게 내용은 조금씩 수정하면서 진행했다.

자기소개 예시

저는 Hult International Business School 보스턴 캠퍼스에서 Business Analytics를 전공하는 강지은이라고 하며 8월에 졸업합니다.

저는 한국에서 삼성, LG, 현대 같은 대기업 그룹에서 근무하며 마케팅 분석가 및 CRM 전문가로 경험을 쌓아왔습니다. 저는 데이터를 수집해서 분석을 위한 정제를 하고, 그 데이터를 분석해서 인사이트를 도출하고, 그 인사이트를 바탕으로 마케팅 프로그램을 만들어서 실제로 마케팅을 실행한 후 그 결과를 분석하는 작업까지 전 과정에 관여했습니다. 졸업을 앞두고 구직 활동을 하면서 LinkedIn에서 AT&T의 Business Analytics 포지션을 발견했는데, 저에게 꼭 맞는 포지션이라는 생각이 들었습니다. Customer Retention Strategy, NPS, Segmentation은 제가 이전 직장에서 경험하고 좋은 결과를 만들어 내 와서 제가 잘할 수 있는 분야입니다. 더욱이 CRM 전문가로서 고객 유지는 가장 중요한 부분으로 통신 산업에서 특히 중요한 전략으로 알고 있으며, 제가 관련해서 데이터를 분석하고 마케팅 프로그램을 만들어 보면서 계속하고 싶어 했던 분야이기도 합니다. 제 경험을 바탕으로 AT&T에서도 좋은 결과를 만들어서 기여하고 싶습니다.

② 1차 면접

코로나 시국이라 Webex로 진행되었다. 생각보다 편한 분위기가 형성되어서 45분을 편안하게 보낼 수 있었다. 면접관은 포지션에 대해 자세하게 설명을 해주셨고, 입사하게 되면 어떤 일을 해야 하고 어떤 KPI를 가져가야 하는지에 대해서도 알려주었다. 한국에서도 이직을 많이 해봤지만 내가 입사하게 되면 할 일에 대해 무척 상세하게 얘기해주셔서 미국은 정말 그 자리에 딱 맞는, 바로 와서 일할 사람을 찾는다는 생각을 했다.

또 면접관 본인에 대해서도 소개해주셨는데, 입사 9년 차이고 다른 회사에 다니다가 MBA 과정을 마친 후 AT&T에 입사했다고 했다. 이 회사의 업무 분위기나 환경이 어떤지에 대해서도 친절하게 설명해주셨다. 왜 AT&T냐고 물으셨는데 사실 내가 이 회사를 오래전부터 노린 것은 아니어서 '솔직히 AT&T의 공고가 나오기만을 기다린 것은 아니다. 다만 AT&T 통신을 이용하고 있으며 잘 알려진 브랜드로 알고 있는데 이 Business Analytics 포지션이 정말 마음에 들고 내가 했던 일들이 많다. 통신 회사에서 일해 본 적은 없지만 책을 쓰면서 통신 산업의 CRM에 대해 공부하면서 고객 유지가 매우 중요한 걸 알게 되었고 그래서 이 포지션도 그걸 해결할 인재를 뽑으려는 것으로 안다'고 했더니 고개를 끄덕이시면서 공감하셨다. 내가 통신 산업 경험은 없지만 경험이 없다고 해서 모르는 것은 아니고 통신 산업에서 뭐가 중요한지 어떻게 사업이 돌아가는지 잘 안다는 인상을 심어주었다.

그렇게 나에 관한 얘기를 하던 중 분위기가 너무 편한 나머지, 당시 영어 출판을 준비하고 있던 책 얘기를 하게 되었고, 이 회사에 입사하지 않더라도 나중에 책 한 권을 드리겠다는 말까지 해버렸다. 나로서는 이 포지션에 대한 이해도가 매우 높아졌고, 회사 분위기도 어느 정도 가늠해볼 수 있었다. 면접이 끝날 때쯤엔 다음 단계에 대해 말씀해주셨는데, 특이하게도 레퍼런스 체크가 있다고 했다.

③ 레퍼런스 체크

채용 프로세스가 좀 특이하다고 생각했다. 보통 레퍼런스 체크는 면접의 마지막 단계에서 하는데 한 번의 면접 후 레퍼런스 체크를 진행하는 경우는 처음 봤다. 이 과정을 초기에 겪은 사람으로서 나는 초반 레퍼런스 체크가 장점이 많다고 느꼈다. 평판이 안 좋은 사람을 초기에 거를 수 있고 지원자의 면접 몰입도를 높인다는 것이다. 한국의 레퍼런스 체크는 보통 회사에서 업체를 써서 진행한다. 지원자가 2~3명의 레퍼런스 체크인을 제출하면 그 사람들에게 전화해서 내용을 받거나 Job Korea, LinkedIn 같은 사이트에서 랜덤으로 지원자와 같이 일했을 만한 포지션의 사람을 찾아내어 비밀리에 레퍼런스 체크를 진행하기도 한다.

면접관은 나에게 3명의 전 직장 상사 연락처를 달라고 했다. 그러면 본인이 연락해서 이메일 또는 화상 회의(선호)를 진행하겠다고 했다. 나의 전 직장은 모두 한국 회사고, 레퍼런스 체크가 가능한 분들은 그 당시 모두 한국에 계신 상황이라 시차라는 변수가 있었다. 또 영어로 진행해야 한다는 점도 변수였다. 나는 1차 면접을 끝내고 저녁이 오기를 기다렸다가 한국의 아침이 되자마자 바로 전 직장 상사들에게 연락을 돌렸다. 3명을 선정했는데 흔쾌히 해주겠다고 하셨다. 나는 이분들이 레퍼런스 체크를 진행하기 쉽도록 내 이력서와 함께 일하던 당시 나의 업무 성과 및 업적에 관해 간단히 정리하여 보내드렸다. 한 분은 이메일로만 진행하기를 원하셨고, 다른 한 분은 Korean-American이라 영어로 화상 회의 하는 것에 어려움이 없으셨다. 또 다른 한 분은 주중에 시간을 내지 못해 주말에 진행할 것으로 제안했는데 면접관께서 주말은 불가하다고 하셔서 이메일로 진행되었다. 이메일로 진행한 두 분에게는 면접관이 8개 정도 나에 관해 묻는 질문지를 이메일로 보냈고, 화상 회의를 진행하신 분은 같은 질문지를 미리 받고 회의 시간을 정한 다음 레퍼런스 체크가 진행된 것으로 들었다. 화상 회의를 한 분에게 '분위기가 좋았다. 다음 단계로 넘어갈 거 같다'는 피드백을 받았다.

내가 세 분의 정보를 면접관에게 제공한 뒤 정확히 2주 만에 다시 연락이 왔다. 면접관은 레퍼런스 체크한 분들로부터 나에 대해 'Fantastic things'에 관해 들었다며 다음 단계를 진행하자고 하셨다. 다음 단계는 총 60분 정도의 면접으로, 지금까지 내가 분석한 것을 20분 정도 프레젠테이션하는 것을 포함했다.

④ 기술·인성 면접

면접관은 처음 면접했던 분과 같은 분이었다. 솔직히 이 면접은 자신 있었다. 한국에서 다년간의 분석 경험이 있고 관련 책까지 썼었다. 내가 분석해서 돈을 번 경험도 많아서 재미있게 할 수 있겠다고 생각했다. 나는 PPT 19장에 걸쳐 6개의 분석을 준비했다.

- Retention Program(이전 직장 프로젝트)

- Upsell Program(이전 직장 프로젝트)

- Repurchase Program(이전 직장 프로젝트)

- Text Analytics(학교 수업 프로젝트)

- Machine Learning(학교 수업 프로젝트)

- Tableau Dashboard(학교 수업 프로젝트)

나는 이미 대부분 프로젝트의 내용을 PPT로 가지고 있었다. 어떤 것을 보여주면 나에게 더 매력을 느낄지 꼭지들을 선정해서 분석 쇼케이스 프레젠테이션으로 만들었다. 편안하게 내가 한 분석들을 설명했다. 면접관은 이런저런 질문을 중간에 했는데 특히 Text Analytics가 주식 공매도 예측 관련 텍스트 분석이라 더 관심을 가졌다.

분석 프레젠테이션이 끝나고 인성 면접을 진행하셨다. 나는 세 가지 질문을 받았다.

- 현재를 극복하고 뭔가를 혁신한 경험이 있는지?
- 고객의 니즈를 잘 예측해서 성공적이었던 경험이 있는지?
- 협업을 잘했던 경험이 있는지?

사실 이때 분석 이외의 것에 대한 질문을 받을지 몰랐다. 하지만 구직자로서 이런저런 예상 질문을 연습하고 있던 터라 어렵지 않게 대답할 수 있었다. 인상적이었던 것은 어떤 질문에서는 내가 바로 대답하지 못하고 조금 생각하고 있으니, 면접관님이 좀 생각할 시간을 가지라면서 시간을 준 것이다. 사실 압박 면접을 준비하다 보면 자다 가도 대답이 나올 만큼 연습하기는 하지만, 그래도 사람은 기계가 아니라 실수하기 마련이기에 이렇게 시간을 주는 것이 친절하다 생각되었다.

무리 없이 이전 회사에서의 경험을 바탕으로 대답했다. 마지막에는 그 당시 내가 보스턴에 거주 중이었고 포지션은 본사인 댈러스여서 "Are you willing to relocate?"라고 물으셨다. 내가 면접 준비를 하면서 회사에 관해 알게 된 것은 본사는 댈러스고, 애틀랜타와 LA가 허브라는 사실이었다. 그래서 이 포지션 근무지가 댈러스인 것은 알지만, 혹시 가능하면 친구가 있는 애틀랜타로 가면 좋겠다고 말했고, 면접관은 아무 말씀 없이 뭔가를 적으셨다. 분위기는 좋았다고 생각되었다. 아쉬움 없이 면접을 끝냈고, 좋은 회사라고 느꼈다. 이 회사에 붙으면 좋겠다는 생각이 더 간절해졌다. 다음 단계는 동료 면접이라고 하셨다.

⑤ 동료 면접

의외로 나는 이 면접이 부담이었다. 동료 인터뷰를 1:1로 해본 적이 없어서 어떻게 진행될지 그림이 잘 그려지지 않았다. 보통 면접관이 하는 방식으로 진행될 것인지 아니면 내가 모르는 새로운 방식일지 걱정되었다. Glassdoor에서 면접 팁을 찾아봤지만, AT&T 동료 면접에 대한 내용은 찾을 수 없었다. 그래서 일단 면접 시 예상되는 기본적인 몇몇 질문을 준비했다. 자신감 있고 편안한 마음으로 임하리라 다짐했다.

동료 면접에 나타난 분은 AT&T에서 25년간 일하고 계신 분이셨다. 통계학과를 졸업하고 분석 관련 여러 포지션에서 근무하셨다고 했다. 25년 경력을 듣는 순간 조금 겁먹었지만, 당당하게 임하려고 노력했다. 간단한 내 소개를 했고 그분의 몇 가지 질문이 이어졌다. 내가 다룰 수 있는 프로그래밍 언어는 뭔지, 프로그래밍 코드 관련해 잘 모르는 게 있을 때 어느 사이트에서 찾는지, 머신러닝은 무엇을 해봤는지를 물어보셨다. 이전 면접관보다 훨씬 더 기술적인 질문이 들어와서 조금 당황스럽기도 했다. 그래서 혹시 이 포지션이 데이터 분석 기술자를 뽑는 포지션인지 물었는데 그건 아니라고 하셨다. 데이터 분석뿐만 아니라 그것을 바탕으로 인사이트를 도출해야 하는 자리라고 하셨다. 그리고 나의 경력과 한국에서 일하다가 유학을 와서 구직하는 나의 열정을 존중한다고 하셨다. 나는 근무 환경이나 조직 문화는 어떻고 팀 구성은 어떻게 되는지 물어보며 면접을 마무리했다. 좀 아쉬웠다. 어떤 머신러닝을 해봤는지, 코드에 문제가 생길 때 어디서 찾는지를 좀 더 체계적으로 대답할 수 있으면 좋았을 것이라는 생각이 들었다.

Amazon

> **Amazon 채용 프로세스**
> ① 온라인 지원 → ② 1차 Phone Screening(Video) →
> ③ 2차 Phone Screening(Video) → ④ Pre-Interview
> Prep Call → ⑤ Loop Interview

① 온라인 지원

Amazon 채용 프로세스는 직급 레벨에 따라도 다르고 조금씩 변동이 있는 것 같다. 내가 본 인터뷰는 Loop Interview까지고 그 후에 Offer를 받는 것으로 알고 있다. 레퍼런스 체크는 다른 회사만큼 중요한 것 같지는 않고, 매니저급 이상 포지션에서 고려하는 것으로 알려졌다. Amazon 인터뷰는 무조건 14개의 Amazon Leadership Principles에 집착한(?) 인터뷰였다. 그야말로 'OF 14 Amazon Leadership Principles, FOR 14 Amazon Leadership Principles, BY 14 Amazon Leadership Principles'로 생각된다. 나는 최종 면접까지 보고 결국 Amazon에서 일하게 되지는 않았지만, 최종 면접까지 가는 것 자체가 어려운 일이라고 하니 대단한 행운이고 좋은 경험이었다.

우선 Amazon 인터뷰는 보기 어렵겠다고 생각하다가 우연한 기회로 보게 되었다. 앞서 설명했던 학교 이벤트에서 알게 된 Amazon에 다니는 학교 선배와 상담을 했다. 졸업이 6개월 정도 남았더라도 채용 진행에 시간이 걸리는 데다가 Amazon의 경우는 인재가 정말 마음에 들면 졸업 때까지 기다려준다고 했다. 2월에 선배의 Referral을 받아 3개 포지션에 지원했다. 3개 포지션 모두 내가 지원하고 얼마 안 되어 'Under Consideration(검토 중)' 상태가 되었고, 한 2주가 지난 후에 'Application Submitted(지원 완료)'로 변경되었다. 그러곤 아무 일도 일어나지 않았다.

어떻게든 인터뷰를 봐야겠기에 4월에 다시 선배에게 연락을 해보았다. 도와주겠다는 답장을 받아서 내가 인터뷰를 볼 확률이 높아 보이는 3개의 포지션을 다시 선정하여 선배에게 연락했는데 답이 없었다. 그래서 내가 LinkedIn에서 찾은, Amazon 본사에 근무하는 한국인에게 연락을 해보았다. 마침 본인 팀에 자리가 나서 1명을 채용 중이라고, 마케팅 포지션에 관심이 있냐고 되물었다. 이 마케팅 포지션은 분석이 중요한 포지션인데, 내가 마케팅도 해보고 분석도 해본 사람이라 나와 잘 맞을 것 같다고 해서 일단 지원하기로 했다. 이력서를 달라고 해서 전달했는데 내 이력서는 경력이 많아 2장이었다. Amazon 제출용 이력서(1장)로 만들어달라고 해서 다시 1장으로 작성해서 제출했다. 정확히 5일 후에 Amazon 리크루터에게 이메일이 왔다. 1차 Phone Screening 인터뷰를 하자면서 해당 포지션에 대한 링크를 알려주며 온라인 지원을 해달라고 했다.

온라인 지원을 하고 회신을 하니 바로 다음 날 다른 리크루터에게 연락이 와서 향후 2주 안에 45분가량의 인터뷰가 진행될 예정이니 가능한 시간을 5개 알려달라고 했다. 또 내가 어떤 취업 비자를 가지고 있는지, 다른 회사에서 Offer 받은 것이 있는 상태인지, (넓은 미국이다 보니) 내

시간대가 어디인지도 물었다. 곧바로 회신을 했더니 2시간 후쯤에 인터뷰 확정 날짜와 시간, 면접관 그리고 면접을 위한 미팅 접속 방법과 준비 팁에 대한 안내 이메일이 왔다. 실제 인터뷰까지는 일주일 정도의 시간이 있었기에 Job Description을 중심으로 포지션에 대한 이해와 내 기본적인 소개, 왜 내가 이 포지션이랑 맞는지에 대한 내용을 준비하고 Amazon에 대해 공부했다. 사실 취업 준비를 시작하면서 주요 타깃 회사인 Amazon과 Wayfair에 대한 공부를 많이 했다. 특히 Amazon 인터뷰 준비를 많이 했는데, Amazon 인터뷰는 어렵고 까다롭기로 악명이 높아서 이 포지션을 나에게 추천해준 분이 이전부터 Amazon 기준으로 인터뷰를 준비하면 다른 회사 인터뷰 준비도 같이 될 거라고 조언을 해줬었다. 이에 나는 Amazon 인터뷰를 어느 정도 준비한 상태였고, 처음 보는 Amazon 인터뷰를 두근거리는 마음으로 기다렸다.

- 1분 자기소개

- 왜 Amazon에서 일하길 원하는가?

- 왜 나를 뽑아야 하는가?

- 14 Amazon Leadership Principles 관련 예상 문제

- Glassdoor에서 기출 문제 정리해서 연습

취업 인터뷰 연습 내용들을 찾아보니 인터뷰 질문에 대답할 때는 데이터에 기반해서 대답을 하고 STAR(Situation, Task, Action, Result) Method를 활용하라고 했다. 대답할 내용에 대한 상황을 간략하게 설명하고 그 상황에 대해 내가 어떤 업무를 맡게 되었고, 구체적으로 어떤 활동을 통해 어떤 결과를 냈는지 설명하는 것이다. 이 결과는 정량적인 데이터에 기

반해서 준비하면 된다. 그리고 인상에 남을 만한 적절한 질문을 미리 준비했다. Amazon Financial Report를 보면서 매출이나 이익 규모 등에 대해서도 숙지했다.

② 1차 Phone Screening(Video)

내가 지원한 팀의 팀원 한 분이 면접관이었다. Amazon에는 1년 전쯤에 합류했다며 본인 소개를 먼저 하셨다. 그리고 팀에 대한 소개와 팀이 하는 일에 대한 설명을 해주셨고 어떤 인재를 찾고 있는지에 대해서도 얘기해주셨다.

이후 바로 전문적인 질문이 훅 들어왔다. 내가 지원하는 곳은 IT 가전 쪽이었다. 그래서 Amazon의 가전 카테고리를 어떻게 바꿀 수 있을지, 내가 Home Entertainment 쪽 상품을 담당한 경험이 없는데 어떻게 일할 수 있을 것인지 물었다. 나는 전자 회사에서 근무한 경험을 바탕으로 가전업계에 대한 경험이 있어 업계의 특성 및 어려움을 잘 알고 있으며(예를 들면서), 어떻게 극복할 수 있을 것 같다는 해결안으로 대응했다. Qualitative Methodology에 대해 물었는데, 사실 이 주제는 갑자기 툭 튀어나온 질문이었다. 리서치 포지션도 아닌데 이 질문이 왜 들어왔는지 모르겠다. 한 30분 동안 정신없이 질문에 대답한 후 궁금한 게 있으면 질문하라고 해서 Amazon에서 근무하면 일과는 어떤지, 같이 일하는 파트너 팀은 어떤 팀인지, 회사 문화는 어떤지, 면접자는 Amazon 생활에 만족하는지 등을 물었다.

내 생각에는 전반적으로 대답을 잘한 것 같은데 면접자가 표정이 별로 없는 데다가 하품을 한 번 하셔서 '내 대답이 지루하신가?' 생각했다. 중간에 한 번 미소를 짓기도 하셨는데 그게 긍정적인 신호인지 의미를 알 수 없었다. 인터뷰 마무리에 이메일이 곧 갈 테니 다음 단계를 알기 위해 이메일을 잘 주시하라고 하셨다. 다음 날, 바로 2차 인터뷰에 대한 이메일이 왔다. 1차 때와 똑같은 방법으로 인터뷰가 가능한 5개의 시간을 회신했고 그중 하나의 시간에 인터뷰가 잡혔다. 다시 일주일 정도의 시간이 주어졌다. 1차 인터뷰에서 보완할 점을 생각해보고 1차와 비슷하게 인터뷰 준비를 했다.

③ 2차 Phone Screening(Video)

이번 면접관은 Hiring Manager였다. 1차 면접과 비슷한 방향으로 흘러갔다. 내가 정말 이 포지션에 맞는지를 중점적으로 보는 자리로 보였다. 면접관은 몇 명이 어떤 일을 하며 어떤 목적을 가지고 일하는지 회사와 팀의 미션에 대해 상세하게 설명해주셨다. 나의 짧은 소개가 시작되었고, Amazon의 14가지 Leadership Principles 중 하나인 'Think Big'에 대한 질문이 주어졌다. 새로운 접근법을 시도해 업무에 변화나 개선을 주도적으로 가져온 경험을 묻는 질문이었다. 가전 카테고리 포지션에 대한 면접이므로 나는 최대한 내가 전자 회사에 다닐 때 데이터를 분석해서 마케팅을 하고 성과를 낸 부분을 얘기하면서 가전 카테고리에 대한 이해가 깊고 바로 업무할 준비가 되어있는 사람이라는 점을 강조했다.

말미에는 내가 몇 가지 질문했는데, 어떤 데이터들을 주요 지표로 보고 있는지, 팀 규모는 어떻게 되며, 커리어 관련 직무 로테이션은 어떤 식으로 이루어지고, 회사 문화는 어떠한지, 또 어떤 인재를 찾고 있는지 물었다. Amazon은 내가 듣던 대로 입사 후 2~3년 정도에 한 번씩 업무 로테이션이 이루어져서 다양한 업무를 경험할 수 있게 되며, 가장 중요하게 생각하는 14가지 Leadership Principles에 맞는 인재라면 Amazon에서 어떤 업무라도 가능한 인재라고 생각한다는 대답을 들었다. 나는 Marketing Analytics 분야에서 둘째가라면 서러운 사람이고, 내가 가장 잘할 수 있는, 좋아하는 업무를 하면서 회사에 기여하고 성장하고 싶은 사람이라 이 부분은 조금 나와 맞지 않는 부분이라 생각되었다. 이번 인터뷰에서는 14 Leadership Principles에 대한 질문은 많지 않았지만 다음 라운드에서는 많은 질문이 이어질 것이라고 말해서 인터뷰를 통과했다는 느낌을 받을 수 있었다.

5일 후 다음 인터뷰 초대 이메일이 도착했다. 이 인터뷰가 본격적인 Amazon 인터뷰다. 원래 이 인터뷰는 본사가 있는 시애틀로 날아가서 하루 6시간 동안 진행되는데, 코로나로 인해 온라인으로 진행되었다. 그래서 두 가지 옵션이 주어졌다. 하루에 이 6개 인터뷰를 다 할 것인지 아니면 이틀로 나누어 3개씩 진행할 것인지 내가 선택할 수 있었다. 하루에 인터뷰를 다 하면 빨리 끝나서 좋지만 체력적으로 너무 힘들 것 같아서 이틀에 걸쳐서 진행하는 것으로 선택했다. 인터뷰를 언제 하면 좋을지 가능한 날짜와 대략의 시간 범위를 전달했다. 6개 인터뷰 중 하나는 인터뷰 결과에는 반영되지 않는, Amazon 재직 중인 분과 대화를 나누는 시간이었다. 내가 지원하는 팀의 팀원 중 한 명과 대화를 나누는 옵션과 아시안/여성 등 Amazon 내 여러 그룹 중 내가 관심 있는 그룹을 택하여 그 그룹에 속한 사람과 대화를 나누는 옵션이 있었는데, 나는 아시안, 여성 그리고 웰빙 그룹 직원과의 대화를 요청했다. 다만 그때가 7월이었고 많은 직원이 여름 휴가 중이라 3주 후로 Loop Interview 일정을 잡을 수 있었다. 3개의 인터뷰는 45분 진행 15분 휴식으로 3시간 동안 진행된다.

④ Pre-Interview Prep Call

　Loop Interview 스케줄 확정 후 Pre-Interview Prep Call이라고 해서 면접 전 준비 회의가 있었다. Loop Interview를 앞두고 리크루터와 인터뷰를 준비하는 15~30분 정도의 미팅이 인터뷰 3일 전쯤에 잡혔다. 리크루터가 Amazon의 보상 체계에 대한 설명과 함께 인터뷰가 어떻게 진행되는지, 어떻게 준비해야 하는지에 대해 상세하게 설명해주었다. 인터뷰는 잘 알려진 대로 14 Leadership Principles에 기반한 많은 Behavioral Question과 비즈니스에 관련된 Case Study 질문이 2~3개 주어질 수 있다고 했다. 특히 14 Leadership Principles에 대한 질문은 매우 구체적으로 Follow-up 질문이 이어질 수 있어서 데이터에 기반해서 간결하고 명료하게 대답할 수 있도록 준비하면 된다고 했다. 14 Leadership Principles 관련 가능한 대답이 한정적일 수 있으므로 질문은 달라도 대답이 중복될 수는 있지만 최대한 다양한 에피소드로 대답에 접근하는 것이 좋다고 했다. 또 중요한 것은 인터뷰 질문에 대한 대답보다 내가 어떻게 질문에 접근하는지라고 했다. 인터뷰에 대해 리크루터가 이렇게 상세하게 인터뷰 가이드를 하는 경우는 처음 봤다. 인터뷰 관련 회사 기밀 유출에 대한 우려로 NDA(Non Disclosure Agreement)도 서약했다.

　이제 어떻게 면접을 준비해야 하는지는 다 알게 되었다. Amazon의 14 Leadership Principles에 기반해서 자신감을 가지고 내가 최대한 Amazon에 적합한 사람이라는 것을 보여주는 것이 중요하다. 인터뷰 실전 날까지 14 Leadership Principles에 기반하여 나의 역량과 경험을 매칭해서 스토리를 만들고 질문이 주어질 때 망설임 없이 대답할 수 있도록 연습하고 또 연습했다.

⑤ Loop Interview

Day 1, 1차

이게 진짜 Amazon 인터뷰다. 첫날 첫 인터뷰 면접관은 2차 Phone Screening에서 만났던 Hiring Manager였다. 한 번 면접을 본 분이라 조금은 편안하게 인터뷰를 시작할 수 있었다.

우선 나의 간략한 소개를 하고 본격적인 질문이 시작되었다. Amazon의 인터뷰 질문은 보통 "Tell me about when you~"로 시작한다.

첫 번째는 내가 목적을 초월해서 변화를 가져온 경험과 그에 따른 결과에 대한 질문이었다. 나는 이전 회사에서 데이터를 활용하여 마케팅 프로그램을 만들며 진행했던 업무에 대해서 데이터를 기반으로 어떤 성과가 날 수 있었는지 설명했다. 이어서 질문이 따라왔다. 앞의 과정에서 '어려움은 어떤 것이 있었는지'였다. 나는 데이터 소스가 여러 군데라서 그걸 모으는 데 어려움이 있었다고 대답했다. 준비했다고 했는데 꼬리에 꼬리를 무는 질문까지 대답하는 것이 만만치 않았다.

두 번째는 내가 뭔가 복잡한 문제를 깊이, 디테일하게 원인을 파악해서 해결한 적이 있었느냐에 대한 질문이었다. 나는 온라인 쇼핑몰 회사에 다니던 시절에 데이터를 분석해서 문제를 해결한 사례를 들어서 대답하고 역시 데이터에 기반한 성과를 말하며 마무리했다.

세 번째 질문은 Case Study였다. 사실 이 부분은 미리 준비하기가 쉽지 않아서 많이 걱정했었다. 가전 카테고리 팀인 만큼 가전 관련 온라인 트래픽 그리고 작년 매출과 올해 증감률을 주고 이 데이터로 어떻게 접근해서 어떤 인사이트를 찾을 것인지가 질문으로 주어졌다. 인터뷰 질문치고는 상당히 무거운 질문이었다. 다른 질문처럼 빠르게 대답하기는 어려웠다. 일단 문제에 관해 메모를 했고, 면접관은 친절하게도 생각할 시간을 주겠다고 했다. 그래서 나는 차분히 생각을 정리한 후 두 가지 방안을 얘기했고 데이터에 기반해서 논리적으로 어떻게 답을 찾을 건지에 대해 설명했다.

또 다른 Case Study 질문이 하나 더 주어졌는데, 가전 카테고리 부서인 만큼 이 부서의 매출 증가를 위해 어떤 차별화 포인트를 가져갈 수 있을 건지를 물으셨다. 나는 과거 전자 회사에서 근무한 경험을 바탕으로 가전 카테고리의 어려움과 취약점을 나열했고, 그에 대해 어떻게 극복할 것인지 대답했다. 이에 내가 대답한 그 전략이 바로 요즘 그 부서가 진행하고 있는 전략이라고 했다. 그러면서 기뻐하시는 면접관의 표정이 보였다.

이 마지막 질문이 이 인터뷰의 게임 체인저였던 것 같다. 확실하게 면접관에게 내가 회사에 필요한 인재라는 인상을 각인시켰다. 면접관은 나 같은 사람이 필요하다며 남은 인터뷰를 잘하라고 하셨다. 대답할 때 반복적인 말을 하지 말고 질문에 집중해서 구체적으로 대답하라고 말해 주셨다. 면접관님의 든든한 응원을 받으며 Loop Interview 첫 번째를 마무리할 수 있었다.

Day 1, 2차

이번 면접의 면접관은 내가 합격하게 되면 같이 일하게 될 팀원이었다. 간단한 면접관님의 소개 후 내 소개로 본격적인 면접이 진행되었다.

첫 번째 질문은 내가 아이디어를 내어 프로젝트를 진행했던 경험에 대해 말하는 것이었다. 그래서 데이터를 분석해서 마케팅 프로그램을 적용했던 사례를 언급했는데, 연이어 그때 관련자들의 피드백은 어떠했는지 반발 같은 것은 어떻게 극복했는지 물었다. 또 관련해서 내가 어떻게 KPI를 측정하고 모니터링했는지도 꼬리에 꼬리를 무는 질문으로 물으셨다. 이때 관련 담당자들의 피드백에 관한 질문에 당시 있었던 반발에 대해 말했는데, 더 구체적인 답을 원하셔서 진땀을 뺐던 기억이 있다. 사실 10년 전 일인데 그때의 그 아이디어에 대한 피드백을 내가 지어내지 않고 나왔던 문장 그대로 기억하여 대답하는 게 가능한 것인가, 라는 생각이 순간 들면서 대답하는 데 한계를 느꼈다. 그래도 일단 최선을 다해서 대답했다.

다음 질문은 "고객이 인지하지 못한 니즈를 예상한 경우가 있었는지"였다. 이것 역시 내가 기존에 마케팅 데이터 분석을 통해 인사이트를 발굴해서 적용한 예를 데이터를 근거로 말했다. 내 대답에 이어서 어떤 점을 달리해서 니즈를 예상할 수 있었던 것인지, 그리고 이 역시 관련자들의 반응은 어땠는지 물었다. 준비한다고 했음에도 말로만 듣던 Amazon 인터뷰의 난이도는 정말 높았다.

크게 두 가지 꼭지에 대해 꼬리에 꼬리를 무는 질문이 끝난 후 나보고 질문이 있으면 하라고 하셨다. 그래서 Amazon 회사의 장점은 무엇인지, 어떤 점이 다른 회사랑 다른지에 대해 물었고 면접관은 Amazon에서 일하는 것을 만족하는지도 물었다. 그렇게 폭풍처럼 두 번째 면접이 지나갔다.

Day 1, 3차
이번 면접관은 내가 면접 보는 가전 카테고리 마케팅팀과 같이 일하는 파트너였다. 그러니까 내가 입사하게 되면 이분과도 같이 일하게 되는 것이다. 내 소개를 듣더니 마케팅과 분석 중 하나를 고르라면 어느 쪽을 선택할 것인지 물었다. 내 백그라운드를 보고는 혹시 분석가 쪽 역할에 더 관심이 있는 것은 아닌지 궁금해하셨다. 사실 내가 미국에서 딴 석사는 Business Analytics이고 마케팅보다 분석 쪽 포지션에 더 치중해서 지원하고 있었다. 하지만 내가 인터뷰를 보고 있는 분야가 마케팅 역할이어서 마케팅이라고 대답하고, 데이터는 궁극적으로 비즈니스 의사결정을 위한 수단임을 강조했다. Amazon이 마케팅 역할에 있어 데이터에 집착하는 것을 알기에 데이터 분석을 통해 마케팅을 잘 수행해보겠다고 했다. 생각보다 좀 예리한 질문이 이렇게 훅 들어왔다.

사실 면접관이 압박 면접처럼 면접을 진행했다면 내가 주눅이 들 수도 있었을 텐데 이 면접관은 최대한 나를 편안하게 해주려는 느낌을 많이 받았다. 이어진 질문으로 나의 영역 밖에서 뭔가를 진행했던 경험에 대해 말해달라고 했다. 나는 미국 오기 바로 직전 직장에서 나의 업무와 다소 무관한 일을 갑자기 진행해야 했던 사례를 들었는데 내가 그 업무를 어떻게 수행했으며 결과는 어땠는지 후속 질문이 들어와서 관련 내용을 대답했다.

다음 질문은 복잡한 업무를 간단한 솔루션으로 해결한 일이 있는지에 대한 것이었다. 이 질문 역시 데이터 분석을 통해 eCommerce 회사에서 매출 상승에 기여한 사례를 설명했다. 이어서 그 당시 반대 의견은 없었는지, 그 의견에 어떻게 대처했는지에 대한 질문이 이어져서 준비한 대답을 했다. 많은 질문에서 내가 추진한 것에 대한 반발에 대해 내가 어떻게 대처했는지를 물었는데, 이 부분을 구체적으로 대답하기는 정말 어려웠다.

다른 때와 마찬가지로 내가 질문할 수 있는 시간이 주어져서 면접관 업무의 KPI는 어떤 것들이 있는지, Amazon에서 업무하면서 장점이 무엇인지 물었고 대답을 들을 수 있었다.

첫날 인터뷰가 끝났다. 나는 완전히 탈진했다. 즉시 기숙사를 뛰쳐나가서 보스턴 찰스강의 강바람을 쐬면서 부족한 점이 무엇이었는지를 생각하며 Day 2 면접을 준비했다.

Day 2, 1차

면접 2일 차가 시작되었다. 이번 면접관은 내가 지원하는 부서와 같이 일하는 부서의 리더였다.

첫 번째 질문으로 타이트한 데드라인을 가지고 업무를 해야 해서 의사 결정할 충분한 시간이 없었던 경험에 대해 말해보라고 했다. 나는 이전 회사에 다닐 때 제휴하는 회사가 마케팅 론칭 하루 전에 마음을 바꿔서 애를 먹었던 경험과 당시 나의 결정을 얘기했다. 따라오는 질문은 그런 급박한 상황에서 리스크까지 감수하면서 그 의사결정을 내린 이유가 무엇인지였다. 몇 개월 동안 준비한 마케팅 프로그램의 론칭을 코앞에 두고 있었는데, 포기하기보다는 제휴사를 설득해서 다시 진행하는 방향으로 최선을 다해보는 것이 바람직한 방법이라 생각이 되어, 마케팅 준비를 중단하지 않고 결국에는 제휴사를 설득해서 예정대로 마케팅을 진행할 수 있었다고 대답했다.

다음 질문으로 이어졌다. 내가 한 업무 중에 지속적인 개선을 가져온 경우가 있는지 물었다. 면접을 준비하면서 다양한 에피소드를 정리했다고 생각했는데, 면접 후반부로 갈수록 점점 말할 에피소드가 부족하다는 것을 느꼈다. 최대한 머릿속에서 아직 사용하지 않은 에피소드가 뭐가 있는지 스캔하고, 그중 질문과 맞아떨어지는 아이템을 재빨리 선택해 대답했다.

이제 나의 질문 시간이다. 회사 문화에 대해서 질문했고, 이전 면접관과는 다른 팀 소속의 면접관이어서 그 부서의 KPI와 주로 어떤 업무를 하는지 물어보았다.

Day 2, 2차

이제 한숨 쉬어가는 인터뷰였다. 상품팀에서 엔지니어로 일하는, 최근 Amazon에 입사한 분과 30분간 대화할 기회가 주어졌다. 그분은 Loop Interview를 본 후 바로 Offer를 받지 못하고 학교 졸업 두 달 후에 다시 연락이 와서 입사했다고 했다. Amazon이 큰 회사인 만큼 업무 로테이션 기회가 많다고 했다. 워크앤라이프 밸런스에 대해 물었는데 장단이 있다고 했다. 바쁘고 일이 많은 것 같았다. 중국 출신 분인데 영어 공부를 계속하고 있다고도 했다.

이 시간으로 Amazon 선배와 대화를 나누며 긴장을 풀 수 있었다. 덕분에 Amazon 생활에 대한 이해를 높였다.

Day 2, 3차

드디어 마지막 인터뷰다. 인터뷰가 너무 힘들어서 결과는 모르겠고 빨리 끝났으면 좋겠다는 생각을 했다. 마지막이라고 생각해서 마음은 상대적으로 가벼웠지만, 가장 어려웠던 면접으로 기억된다. 이번 면접은 2명의 면접관이 들어왔다. 실질적인 면접관은 한 분이었고 또 다른 분은 Amazon 면접에 있다고 알려진 Shadow Interviewer인 것 같았다. Shadow Interviewer는 본인 소개만 하시고 나에게 질문을 하지는 않으셨다. 입사한 지 얼마 안 된 분이셨고 면접 진행을 관찰하면서 향후 면접관으로의 역할을 준비하는 분위기였다. 이전 면접과는 다르게 메인 면접관이 다소 압박 면접 분위기로 이끄셔서 조금 힘들었다.

첫 번째 질문은 내가 받은 피드백이 내가 기대한 것과 달랐던 경험을 말해보라는 것이었다. 그래서 내가 예전 회사에서 분석을 통해 마케팅 프로그램을 만들어 그 마케팅 프로그램을 실행할 부서에 설명을 하고 진행할 것으로 독려했는데 반발이 있었던 일에 대해 설명했다. 마케팅을 진행하면 뭐가 좋아지는지에 대해 데이터를 가지고 예시를 들어가며 반발을 설득하고 잘 추진할 수 있었다고 하니 더 구체적으로 어떻게 그 반발과 내가 원하는 방향에 대한 갭을 줄일 수 있었는지 말해보라고 했다. 땀이 삐질삐질 나는 순간이었다. "나의 예상 피드백과 그 피드백의 차이를 줄일 때 어떤 대화가 오갔냐"고 물었다. 그리고 "어떤 측면에서 그 차이가 발생한 것 같냐"고도 물었다. 연달아 이 사건을 통해 배운 점에 대해서도 말해보라고 했다. Amazon 면접 중 가장 어려운 순간이었다. 사실 이 피드백도 약 10년 전 받았던 것이니… 심호흡을 한 번 하고 최대한 구체적으로 대답했다.

다음 질문은 Comfort Zone 밖에서 업무를 진행한 경험에 대한 것이었다. 이전 회사에서 내 담당 분야는 아니었지만 상황상 내가 진행해야 했던 업무에 대해서 설명했다. 어떤 상황이었고 어떻게 접근해서 그 상황을 극복했는지에 대해 상세하게 대답했다. 끝까지 쉽지 않다 생각했다. 어떤 점을 배울 수 있었는지에 대해서도 추가로 질문이 들어와서 대응했다.

무표정한 면접관의 다음 질문이 이어졌다. 업무를 하면서 예상치 못한 어려움에 직면했던 경험을 얘기해보라고 했다. 나는 데이터를 분석해서 마케팅 프로그램을 기획하면서 IT 협조가 원활하지 않아 마케팅 프로그램 론칭 일정에 차질이 빚어질 뻔한 일을 설명하면서 어떻게 그 어려움을 극복했는지를 최대한 상세히 설명했다.

인터뷰 마무리

야호 끝났다. 홀가분한 마음이 앞섰다. 이 포지션을 추천해준 분에게 연락해서 인터뷰가 끝났다고 알렸다. 생각보다 어려웠고 구체적으로 파고드는 질문이 많아서 힘들었다고 하니 Loop Interview까지 올라가는 것 자체도 드물다고 이 인터뷰를 한 것만으로 자랑스러워 해도 된다고 했다. 생각해보니 세상의 몇 명이나 Amazon Loop Interview 기회를 가질 수 있을까, 하는 생각이 들어서 일단 면접을 성공적으로 끝낸 나에게 박수를 보냈다.

Loop Interview는 면접 관련 비용을 정산해준다. 코로나 전에는 인터뷰 전날 시애틀로 날아가서 호텔에 머물고 인터뷰에 임했는지라 비행기 티켓 값, 호텔비, 식사비 등을 지원해준 것으로 안다. 하지만 코로나로 인터뷰가 화상으로 진행되는 만큼 Amazon에서 하루 식사 금액으로 정한 한도 내에서 식사비를 지원해준다. 나는 인터뷰 날에 한국 음식을 배달로 시켜 먹고 그 영수증을 첨부해서 비용을 청구했다.

며칠 후면 결과가 나온다. 아쉬운 부분도 있지만 이런 경험을 하게 되어 영광스러웠고 끝났다는 자체로 매우 기뻤다.

Wayfair

> **Wayfair 채용 프로세스**
> ① 온라인 지원 → ② Phone Screening → ③ Take Home Test → ④ Hiring Manager Interview → ⑤ Interview Panel

① 온라인 지원

Wayfair는 일찌감치 가고 싶어 했던 회사라 오프닝 포지션을 계속 모니터링하고 있었다. 그러던 중 괜찮은 포지션들이 보여서 4월 중순에 본격적으로 지원하게 되었다.

Glassdoor를 염탐해보니 대부분 지원자가 온라인으로 지원해서 인터뷰 기회를 얻는 것 같아 온라인으로 자신 있게 3개 정도 포지션에 지원했다. 분석 관련 포지션이 상당히 많았다. 4월 중순에 지원하고 나서 일주일이 안 돼서 이메일이 왔다. 30분간의 전화 인터뷰 요청이었다.

② Phone Screening

1차 단계는 리크루터와의 전화 인터뷰였다. 간단한 내 소개를 한 후 Wayfair에 지원한 이유에 대해 어필했다. 리크루터는 회사에 대한 소개와 내가 지원한 팀에 대한 소개를 하고 포지션에 대해 상세히 설명해주었다. 일단 리크루터는 내가 지원 포지션에 맞는 인재라는 결론을 내렸다. 문제는 내 졸업 일정이었다. 내가 8월이 졸업이라고 하니 졸업까지 4개월이나 남아서 기한이 너무 멀다고 했다. 졸업을 2개월쯤 남기고 다시 진행하는 것이 좋겠다고 했다. 조금 실망했지만 희망의 끈을 완전히 놓지는 않고 리크루터가 다시 연락 안 한다면 그때쯤 내가 다시 적극적으로 연락해야겠다 생각했다.

그리고는 약 2개월 반 정도가 지난 7월 초에 리크루터로부터 연락이 왔다. 다시 연락이 올까 반신반의했는데 정말 연락이 왔다. 리크루터는 2개월 반 사이에 업데이트된 상황을 설명해주었다. 코로나 상황이 어느 정도 지나 9월부터 주 3일 오피스 근무가 결정되었다고 했다. 연봉 체계에 대한 설명을 들었고 내가 원하는 연봉에 대해서도 물어봐서 대화를 나누었다. 면접 시 내가 원하는 연봉을 얘기하라는 회사도 많은데 이 부분도 고민이었다. 우선 이 부분은 뒤에 다시 설명하기로 한다. 입사 후 나의 성과에 따라 연봉이 매년 올라가고 4년 후에는 주식도 받을 수 있다고 했다.

다음 단계는 코딩 평가인 Take Home Test였다. 분석 포지션인 만큼 코딩 능력에 대한 시험이 있다. SQL/Python으로 푸는 문제인데 2개 질문 중 하나만 선택해서 원하는 프로그래밍 언어로 코딩하면 된다. 그리고 2개의 비즈니스 문제가 주어져서 총 3개의 문제를 제한된 90분 동안 풀어야 했다. 이 단계를 통과하면 Hiring Manager 인터뷰로 넘어가는데, 일반적인 Behavioral Interview 질문들이 나온다. 그다음 단계는 Interview Panel로 4명 정도의 면접관과 1:1로 화상 인터뷰를 보는 것으로, 며칠에 걸쳐 진행될 수 있다고 했다.

마지막으로 Wayfair가 공격적으로 분석 인력을 뽑고 있으며 연말까지 30~40명 정도를 추가 채용할 예정이라고 했다. 1, 2명을 뽑는 게 아니니 기회가 있다고 생각했다.

③ Take Home Test

1개의 테크 기반 질문과 2개의 비즈니스 질문이 주어지고 90분 안에 마무리해야 하는 테스트였다. 한 번에 끝내야 하며 한번 시작하면 다시 시작하거나 되돌아갈 수 없었다.

나는 Glassdoor 사이트에서 기출 문제를 알아내어 연습하고 어떤 유형이 나오는지 요령을 익혔다. 또 구글링으로 최대한 정보를 알아내 준비했다. 4일 정도 연습을 한 후, 리크루터가 시험사이트를 보내왔고 시험사이트에 접속하여 시험을 시작했다. 너무 긴장되고 떨렸다.

시험사이트를 오픈한 순간 멘붕에 빠졌다. 내가 가장 익숙하고 자신 있는 프로그래밍 언어는 SQL인데, SQL이 안 보였다. 분명 SQL이 옵션에 있어서 SQL을 이용해서 테크 기반 문제를 풀 수 있다고 알고 있었는데…. 이리저리 눌러봐도 SQL은 보이지 않았다. 그래서 리크루터에게 이메일을 보냈다. 사실 이메일을 보내면서 리크루터가 바로 회신하리라 기대하지는 않았는데, 다행히도 2분 만에 회신이 왔다. 확인해보겠다며 최악의 경우는 시험 링크를 다시 보내겠다고 했다. 얼마 지나지 않아 링크를 다시 받았다. 이번엔 연습 문제가 있었다. 그런데 연습 문제에 SQL이 옵션으로 안 보여서 다시 겁이 났다. 그래서 리크루터에게 다시 이메일을 보내서 지금 연습 문제에는 SQL이 안 보이는데 실제 시험을 시작하면 SQL이 선택지에 있는 건지 물었다. 나는 이 기회를 날리고 싶지 않았다. 이런 상황에서 리크루터는 신속하고 침착하게 나를 도와주었다. 리크루터는 내가 접속하게 되면 2개의 테크 기반 문제가 나올 것이고 하나는 SQL로 풀 수 있는 것이고 다른 하나는 다른 프로그래밍 언어로 문제를 푸는 것인데, 둘 중 하나만 풀면 된다고 했다. 나는 상황이 확인되자 안심하고 시험에 임할 수 있었다.

온라인 1:1 면접도 어려웠지만 90분이라는 제한시간에 코딩과 비즈니스 분석 문제를 풀어야 하는 이런 면접도 사람 혼을 쏙 빼놓았다. 첫 번째 문제는 SQL로 풀 수 있는 문제를 선택하여 풀었다. 비즈니스 기반 문제는 주어진 엑셀 파일의 데이터를 기반으로 2개의 문제를 푸는 것이었는데, 생각보다 시간이 오래 걸려서 90분에 거의 맞춰서 답을 제출할 수 있었다.

시험으로 인한 탈진으로 제출 직후에 나는 충분한 휴식이 필요했다. 리크루터에게는 덕분에 성공적으로 시험을 마무리할 수 있었다고 이메일을 보냈다. 한 3주 후, 면접을 보자고 이메일이 왔다. 나는 그 당시 다른 회사에 입사하기로 마음먹은 터라 더 이상 면접을 진행하지는 않아서 본격 인터뷰 단계부터는 경험해보지 못했다.

면접 준비가 좀 아깝긴 하다. 사실 Wayfair는 정말 가고 싶은 회사 중하나여서 면접 준비를 많이 했었다. Annual Report를 보면서 회사의 재무 및 CEO, 비즈니스 구조에 대해서도 공부를 했고, 회사 사이트에 올라와 있는 면접 연습용 비디오도 분석하면서 어떤 것을 준비하고 보강해야 하는지도 연구하며 연습했었다. Glassdoor 및 구글에 나와 있는 기출문제 등 가능한 정보를 모두 모아서 연습했었다. 결국 이 연습을 Wayfair 면접 실전에 써먹지는 못했지만, 다른 회사 인터뷰에 분명 도움이 되었다고 생각한다.

Sephora

거의 처음 본 면접이었다. 본격적으로 지원을 시작한 4월 초쯤에 지원했고, 일주일 만에 이메일이 왔다. 포지션은 지금 보니 Senior Manager, Business Analytics였다. 미국 회사의 포지션 체계를 잘 몰라서 'Business Analytics'를 보는 순간 내 포지션이라고 생각하고 지원한 건데 Senior Manager였으니 팀장급이었다는 것을 이 책을 쓰면서 깨달았다. 지원 초기라서 내가 요령이 없을 시기이니 여러모로 지금 와서 이 면접이 왜 잘 진행되지 못했는지 이해가 간다.

리크루터와의 인터뷰 없이 바로 Hiring Manager가 전화 와서 당장내일 시간이 있냐고 물어왔다. 그분은 Senior Director급이었다. 정식 면접이 처음인 데다 한창 수업을 듣던 중이라 다음 주로 시간을 제안하고 Zoom 미팅을 했다. 먼저 간략한 내 소개를 했고, 이후 질문이 이어졌다.

어떤 분석을 했으며, 분석에 어떤 분석 Tool을 이용해봤는지, Beauty 산업 관련 분석 경험은 있는지, 리더십 경험은 있는지, 업무 시 다른 사람이나 팀과 협력은 어떻게 하는지 물었다. 또 분석을 해서 리포팅을 어떻게 했는지에 대해 상세하게 물어봤는데, 이런 질문은 처음인지라 좀 진땀을 뺐다.

사실 Sephora 매장도 방문해보면서 회사에 대해 공부를 많이 하고 내가 기존에 진행했던 분석들을 Sephora에 어떻게 적용할 수 있을지에 대해서도 생각해서 대답할 준비를 했었다. 그런데 뭔가 원하는 사람을 정해놓고 거기에 이 사람이 맞나 안 맞나를 항목별로 하나하나 체크한다는 느낌이 들었다. 원래 주어진 면접 시간은 1시간이었지만 1시간이 되기 전에 다른 지원자 면접이 있다고 해서 예정보다 회의가 일찍 종료되었다. 그 이후, 예상대로 연락은 없었고 두 달이 지난 후에야 다른 지원자랑 다음 단계를 진행하기로 했다고 이메일이 왔다.

Uber

5월 초에 CRM Marketing Manager 포지션에 지원을 하니 며칠 만에 바로 Introductory Call을 하자고 리크루터에게 연락이 왔다. 이 책을 쓰면서 보니 내가 초반에 미국 회사의 포지션이 어떤지도 모르고 Manager 포지션을 많이 지원한 것 같다. 한국으로 따지면 밑에 주니어를 두는 팀장 역할인데 그땐 몰랐지만 다시 보니 나랑 잘 맞는 포지션은 아니었던 것 같다.

30분간 Uber 회사에 대한 전반적인 이야기와 포지션에 대해 들을 수 있었다. 내가 OPT를 이용해서 일을 시작하는 것이어도 이슈가 없고 비자 스폰서십이 가능하다고 했다. 한 가지 기억에 남는 것은 내가 기대하는 연봉에 관해 물은 것이었다. 연봉 수준이 서로 합의되지 않으면 다음 단계로 나아갈 수가 없기 때문에 미리 이 부분에 대해 이야기 나누길 원한다고 했다. 사실 나는 이제 막 회사에 지원하기 시작한 단계고, 미국 회사는 처음이라 뭐라고 말해야 할지를 몰라서 솔직하게 얘기를 했더니 Uber에서 내 포지션으로 줄 수 있는 연봉 최고액을 말해주었다. 그 수준이 나쁘지 않다고 생각해서 수락했다.

리크루터가 내가 이 포지션에 적합한 사람이라고 생각해서 다음 단계로 넘어갈 수 있었다. 긍정적으로 생각하면 바로바로 연락이 오는 것 같다. 다음은 30분간의 Video Conference Interview였다. 먼저 팀과 포지션에 대해 설명을 들었고, 이후 면접관이 나에게 몇 가지 질문을 했다. 특히 이메일 마케팅을 많이 하는 팀이라서 그 부분에 대해 중점적으로 물어봤다. 이메일 마케팅을 해봤지만 그것만으로 나를 이메일 마케팅 전문가라고 할 수는 없었으나, 일단 최대한 긍정적으로 얘기했다. 마지막에 꼭 이 회사에서 일하고 싶다고 웃으며 인터뷰를 마무리했는데, 면접관님은 아름다운 미소를 띠었지만, 2주 뒤 다른 방향으로 진행하기로 했다는 이메일이 왔다.

Agoda

뉴욕에서 근무해야 하는 Senior Manager, Business Analytics & Insights 포지션이었는데 내가 학생 비자여서 OPT로 취업하는 거라고 하니 이게 가능한지 알아보겠다고 하고는 연락이 없었다.

Expedia

Advanced Data Insight Analyst 포지션으로 리크루터와 1차 면접

을 봤다. 면접 단계에 대해 설명을 들었고 다음 단계가 Take Home Assessment여서 내가 준비되면 이메일로 시험 링크를 보내준다 했다. 내가 다른 회사에 가게 되어 더 이상 진행하지는 않았다.

Walmart

CRM Manager 포지션으로 지원해서 Hiring Manager와 1차 면접을 봤다. 이 Hiring Manager는 Macy's에서 Walmart로 이직한 지 2개월 된 분이었고 같이 일할 사람을 뽑고 있었다. CRM Manager이지만 실무적인 CRM보다는 전략을 세우는 역할에 가까운 CRM이어서 전략가를 찾고 있는 듯했다. 인터뷰 후 특이하게도 일주일 후쯤에 리크루터에게 전화가 와서 현재 여러 사람을 면접 보고 있어서 결과가 나오는 데까지 오래 걸릴 거라고 하고는 두 달 후에 불합격 이메일이 왔다.

Zulily

Zulily라는 eCommerce 회사의 Senior Business Analyst 포지션에 지원하고는 리크루터와 30분간 1차 면접을 했고, 내가 그 포지션에 적합하다고 해서 다음 단계인 Analytics Exercise 과제를 하게 되었다. 3개의 비즈니스 케이스를 주고 케이스별로 몇 개의 질문에 답하는 문제였는데, 각각 데이터와 상황을 주고 실제 비즈니스 분석 문제를 풀게 해서 나의 문제 해결 과정을 보는 것이었다. 나는 최선을 다해 문제를 풀어 시간 내에 제출했고, 며칠 후 다른 후보를 고려하기로 했다는 이메일을 받았다.

MassMutual

MassMutual이라는 보험 회사에 지원해서 리크루터와 면접을 봤는데 내 비자가 학생 비자라는 것을 알고는 향후 스폰서십이 어렵다고 해서 더 이상 인터뷰가 진행되지 않았다.

Disney

Disney의 Analytics & Insights Manager 포지션 인터뷰 요청이 와서 리크루터와 시간을 잡았는데 약속 시간이 지나도 전화가 오지 않았다. 인터뷰 시간이 훨씬 지나서 미안하다는 이메일이 와서 다시 인터뷰 약속을 잡았는데, 다시 약속한 인터뷰 시간 1시간 전에 회사 내부에서 이 포지션 채용에 대한 방향이 바뀌었다며 미안하다는 이메일이 왔다.

Job Offer 및 입사 준비

지금까지 내가 미국 취업을 목표로 지원하고 인터뷰한 과정들을 얘기했다. 짧은 시간으로 기억되는데 많은 일이 있었던 것 같다. 그동안 수많은 거절 메시지를 받기도 했지만, 다른 학생들 대비 많은 인터뷰 콜을 꾸준히 받아서 감사하게 생각한다. 앞서 나의 인터뷰 스토리를 보며 느꼈겠지만 나는 여러 회사에서 인터뷰를 해가면서 최종적으로 AT&T, Amazon 그리고 Wayfair 면접에 집중했다. AT&T의 모든 인터뷰가 가장 먼저 끝나고 결과를 기다리면서 Amazon Loop Interview를 보고 Wayfair의 Take Home Test를 마쳤다. 이런 과정을 지나면서 내 마음속에는 AT&T에 가고 싶다는 마음이 강하게 자리 잡았다. 포지션이 나와 가장 맞다 느꼈고 면접을 하면서 회사 분위기가 좋다고 생각되었다.

AT&T의 마지막 면접을 보고 3주가 지나갔지만 아무런 소식이 없었다. 나는 많이 초조해졌다. 만약 아무 곳에도 취업하지 못하면 어떻게 해야 할지 걱정되었다. 취업 실패는 내 미국 생활에 직접적인 영향을 끼칠 것이었다. 최악으로는 미국을 떠나야 하는 상황이 될 수도 있기에 취업 여부가 매우 중요했다. 불합격이면 불합격이라는 연락이라도 올 텐데 아무런 연락도 오질 않아 답답했다. 한편 3주가 지난 시점에 우연히 LinkedIn에서 내가 지원한 똑같은 포지션이 하루 전에 포스팅이 된 것을 보게 되었다. 절망적이었다. 내가 적합하지 않아 다른 사람을 뽑으려고 다시 공고한다고 생각했다. '그래도 합격 여부는 알려줘야 하는 것 아닌가? 이대로 끝나는 건가?' 하며 많은 생각이 들었다. 그러던 바로 그다음 날 AT&T 인사팀으로부터 전화를 받게 되었다. 내 채용 품의가 내부적으로 오늘 올라갔고 몇 명의 승인을 받는 데 며칠이 걸릴 것이라고 했다. 승인이 나는 대로 Offer Leter를 보낼 것이라고 했다. 무척 기뻤다. 하지만 아직 Offer를 받은 상황은 아니었기에 우선 침착하게 이 모든 절차가 무사히 끝나기만을 바랐다.

AT&T의 Offer Letter를 기다리는 중에 Amazon Loop Interview를 진행했고, Amazon Loop Interview를 모두 끝낸 후 AT&T의 Offer Leter를 받았다. AT&T가 내가 가고 싶은 회사였기에 Job Offer를 수락했고 그 이후 Amazon 리크루터에게 연락을 받았다. 그때가 Amazon의 Loop Interview를 끝낸 6일 후쯤이었다. 원래 더 빨리 연락을 주는데 면접관이 다 같이 모여서 회의를 하고 결론을 내야 해서 회의 시간을 잡는 데 어려움이 있어 시간이 좀 더 걸렸다고 했다. 결론적으로 내가 Amazon이 찾는 인재에 부합한다고 결론을 내렸지만, 내가 지원한 포지션은 나에게 맞지 않는 것 같다고 했다. 내가 지원한 포지션은 마케터인데 내 포지션은 Business Analytics여야 할 것 같다고 했다. 그런데 당장 적합한 포지션이 없으니 추후 다시 얘기하자고 했다. 나는 알겠다고 하고 조금 더 홀가분한 마음으로 AT&T 입사 준비를 할 수 있었다. 마침 연락 온 Wayfair의 인터뷰 요청에 리크루터에게 상황을 간단하게 설명하고 정중하게 거절했다.

AT&T 인사팀 연락 후 4일쯤 지나서 최종합격 전화와 함께 Offer Letter를 받았다. Offer Letter에서 나의 관심을 끌었던 부분은 근무지였다. Offer 받은 포지션의 본래 근무지는 댈러스였다. 면접 때 "Are you willing to relocate?"라고 물어서 그렇다고 대답했고, 혹시 가능하다면 애틀랜타에 친구가 있어서 애틀랜타에서 근무하게 되면 좋겠다고 했다. AT&T 면접을 준비하면서 애틀랜타가 AT&T의 허브 중 하나라는 것을 알게 되었고, 한 번도 가본 적 없는 댈러스보다는 친구가 있는 애틀랜타가 나을 것이라고 생각했다. 당시 면접관은 내 말을 들으면서 계속 뭔가를 적기만 하고 별말 없으셨다. 그 이후에도 근무지 관련한 얘기는 나온 적이 없었는데, Offer Letter에 근무지가 애틀랜타라고 적혀있었다. 감동의 도가니였다. 사실 AT&T 취업은 다 맘에 들었지만 딱 하나, 한 번도 가보지 않은 도시에서의 생활을 시작해야 한다는 것에 두려움이 있었는데, 조금은 익숙하고 지인도 있는 도시로 근무지가 정해져 엄청난 행운이라 생각했다.

연봉은 내가 생각한 수준이었다. 처음 Uber에서 가능한 연봉 수준을 듣고 세팅한 나의 연봉 범위에 매우 근접한 수준이라 문제없었다. 그래서 연봉 협상조차 없었다. 주변 분들은 한두 번 정도는 연봉 올리는 것을 협상해보라고 조언하셨지만, 나는 사실 모든 조건이 만족스러워서 그럴 필요성을 못 느꼈다.

Offer Letter를 받으면서 향후 비자 문제에 대한 설명을 들었다. 입사 6개월 후 영주권 진행 여부를 결정하게 되고, 진행할 때 어떤 카테고리로 영주권을 진행할 것인지에 대해서도 설명을 들었다. 포지션도 나에게 적합하고 향후 영주권 문제, 근무지, 연봉 등 전반적으로 모든 조건이 만족스럽게 진행되었다. 또 인터넷을 찾아봐도 그렇고 기존 AT&T 재직 분들의 근속연수가 긴 것으로 보아 회사에 대한 직원들의 충성도가 높은, 그만큼 안정적인 회사라고 생각되었다.

입사 준비 관련해서 회사의 비자팀 담당자와 미팅 후 비자 문제가 어떤 단계로 진행될 예정이며, 무엇을 하고 준비해야 하는지에 대해 대화를 나누었다. 입사 날짜는 한 달 정도 남았는데 Offer Letter 사인 즉시 입사를 위한 Background Check가 진행되었다. 한국과 미국에서의 나의 범죄 이력, 학력, 업무 경력 등이 확인 항목이었다. 내가 외국인인 관계로 이 확인 작업에 한 달 넘는 기간이 걸렸고, 그로 인해 입사 날짜가 조정되어야 했다. 그래서 예상보다 일주일 지나서 입사할 수 있었다.

연봉과 직급에 관하여

다들 뭐니 뭐니 해도 머니에 관심이 많을 것이다. 한국에서 이직하며 연봉을 정할 때는 항상 내가 받고 있는 공식적인 연봉 계약서를 제출하고, 그에 기반해 이직할 회사에서의 연봉이 산정되었다. 하지만 미국에서 이전 또는 현재 직장에서 내가 얼마를 받는지는 중요하지 않다. 내 이력서의 경력을 바탕으로 연봉을 산정하는데, 아주 합리적이라고 생각된다. 내가 원하는 연봉을 먼저 말한 후 연봉 수준을 조율하고 면접을 진행하는 경우도 있고, 인터뷰가 다 끝나고 마지막에 연봉을 확정하는 곳도 있다. 연봉이 산업에 따라서 많이 다른 것은 한국과 비슷하지만, 도시에 따라 다른 것이 다른 점이다. 물가와 집이 비싼 샌프란시스코, 보스턴 같은 도시에서 근무할 경우, 다른 도시보다 연봉이 높은 경향이 있다.

학교 친구들이 인터뷰를 진행하면서 원하는 연봉 수준에 대해 어떻게 대답해야 할지 몰라서 나에게 문의를 많이 했었다. 나도 첫 인터뷰에서 원하는 연봉에 대한 질문을 받았을 때 어떻게 말해야 할지 난감했었다. 첫 연봉 질문을 받은 곳이 Uber였는데, 그때 솔직하게 처음이라 잘 모르겠다고 하니 그쪽에서 가능한 연봉 범위를 제시해줬고 그 수준이 나쁘지 않다고 생각해서 자연스럽게 그것을 내가 원하는 연봉 범위로 삼게 되었다. 나중에 AT&T에서도 그 수준의 연봉을 제시했고 적용되었으니 나에게 적당한 수준이었다고 생각된다.

사실 한국에서 받았던 마지막 연봉의 대략 2배 수준이어서, 내가 앞서 미국 취업 시장에서 조사한 한국과 미국의 연봉 수준 차와도 일맥상통했다. 실리콘밸리에 있는 빅테크 회사에 입사한다면 당연히 더 받을 수 있었을 것이다. Amazon 리크루터와 인터뷰했을 때 Amazon 급여 체계에 대한 설명을 들었고, Uber나 AT&T에서 나에게 제안한 연봉보다는 높았다. 나에게 있어서 회사를 선택하는 기준이 회사의 인기도나 연봉이 가장 중요한 부분은 아니어서 의미를 크게 두진 않았다. 항상 나의 회사 선택 기준은 전반적으로 과락이 없는 회사인지, 돈을 많이 주거나 유명한 회사라는 커다란 한 가지 장점을 가진 회사보단 나와 회사가 서로 윈윈할 수 있고 만족할 수 있는 회사인지였다.

미국에서 취업할 때 직급도 고민거리였다. 한국에서는 차장 말년 차, 부장 초년 차인 상황에서 나는 유학을 왔고 내 총 직장 경력은 17년 정도였다. 그럼 미국에서 무슨 직급에 지원해야 하는지가 고민거리였다.

학교 커리어 어드바이저와 대화 결과 한국에서 팀장으로 일한 경험은 없었고 미국 시장에서의 취업은 처음이므로 Senior 레벨로 지원하는 것이 적절할 것 같다는 조언을 들어서 대부분 Senior 포지션으로 지원했다. 지금 회사에서 보면 Senior들은 나보다 경험이 한참 적은 친구들이 많지만 사실 직급이 그리 중요한 것은 아니며, 내가 미국 회사에서 일을 시작하고 적응하는 데 시간이 필요했던 만큼 적절한 전략이었다는 생각을 한다.

✧ 미국 취업 결론 및 후기

한국에서도 영주권을 신청해봤고, 미국에 유학 와서 취업 과정을 거친 지금 돌아보니 미국 취업 시 몇 가지 고려해야 할 요소들이 눈에 보인다.

일단 미국 학위가 있어야 한다는 것이다. 미국에 연고가 있어야 하는데 그 첫 단추가 미국에서 교육을 받는 것이다. 또 미국 업무 경력이 있으면 좋은데 대부분이 그게 없으니 브랜드가 잘 알려진 미국 기업이나 글로벌 기업에서 일하는 것도 도움이 된다. 나 같은 경우는 한국에서 일한 경력만 있지만, 다행히도 내가 일한 대기업들이 글로벌하게 알려진 회사다 보니 그 덕을 많이 봤다. 특히 삼성에서 일한 경력을 면접관이 많이 좋아했다.

미국에서 석사를 한다면 2년간의 석사 기간 중 1년이 지난 여름방학 때 좋은 회사에서 인턴십을 하고 그 인턴십 경험을 기반으로 그 회사의

Offer를 받아 졸업 직후 입사하는 것이 가장 바람직한 방법으로 생각된다. 나는 1년짜리 석사라 그럴 기회가 없었고 상대적으로 취업 준비에 대한 시간이 촉박했다.

누군가 미국 유학과 졸업 후의 미국 취업을 준비한다면, 입학하자마자 취업을 알아보라고 하고 싶다. 빅테크의 경우는 거의 1년 전부터 인턴십 지원을 받고 인터뷰를 진행해서, 내가 알아볼 시점에는 이미 인턴십 채용 과정이 거의 끝나 있었다. 커리어 어드바이저 등 관련자들이 일찍부터 취업 준비를 하라고 했던 것이 무슨 말인지 이제야 알 것 같다.

한국에서 회사 경력이 있는 분이라면 본인의 업무 경력을 최대한 어필해야 한다. 기업들이 인재를 뽑을 때 가장 중요하게 생각하는 것은 경력이었다. 특히 미국은 바로 일할 수 있는 사람이 필요해 포지션에 꼭 맞는 사람을 찾는 경향이 강하기 때문에 더욱 그랬다. 그리고 외국인인 만큼 취업 비자나 영주권 스폰서십에 우호적인 회사를 선택해야 한다. 그렇지 않으면 당장 취업하더라도 결국 또 비자 문제 때문에 다른 회사를 알아봐야 하는 상황이 발생한다. 구글에 검색하면 매년 취업 비자 및 미국 영주권을 신청하는 회사 랭킹과 함께 신청 인원수에 대한 정보를 쉽게 찾아볼 수 있다. 나도 면접을 보게 될 회사의 취업 비자 및 영주권 스폰서십 수준이 어떤지를 매번 찾아보고 내가 입사하기에 얼마나 안정적인지 판단했었다.

코로나 이후 재택근무가 늘어나고 화상 인터뷰로 채용이 진행되는 것이 자연스러운 일이 된 이 상황이 외국인에게는 좋은 기회라고 생각된다. 원어민처럼 영어에 능숙하지 않은 경우 화상 인터뷰는 긴장감을 덜어줄 수 있고, 입사 후 프레젠테이션에서도 내용에만 집중하면 된다. 재택근무가 대세가 됨에 따라 사내 정치가 줄어든다는 얘기도 들린다.

다만 입사해서 배워야 할 것이 많은 상황인 만큼 온라인이라는 공간에서 업무와 회사 시스템을 배워나가는 것은 순전히 나의 몫이다. 하지만 이를 겪어본 사람으로서 이 또한 나의 노력과 능력 여부에 따라 문제없이 진행될 수 있다고 생각된다.

지금까지 내 미국 취업 과정을 본 것처럼 어찌어찌하여 나는 운이 좋게 취업했고 지금은 하루하루 재미있게 일하고 있다. 내 주위에서만 해도 200개 정도의 회사에 지원해서 몇십 개의 회사 면접을 보고 최종 인터뷰까지 가서 6회 이상의 인터뷰를 하고는 결국 채용되지 못해 큰 충격에 빠져 한동안 힘들어했다는 사람을 여럿 봤다. 그리고 졸업 직후 첫 직장을 급하게 잡고 나서 옮길 곳을 알아보며 기회를 노리고 지원해 제대로 된 회사에 들어간 경우도 꽤 흔하게 봤다. 좋은 학교를 졸업하고 학점이 좋다고 취업이 잘 되는 것도 아니고 영어를 잘한다고 취업이 잘 되는 것도 아니었다. 모든 것이 좋으면 좋지만, 어떤 부분이 모자라도 채용하는 기업이 원하는 인재의 모습과 강력하게 부합하는 부분이 있으면 뽑히기도 한다. 그래서 미국을 기회의 나라라고 말하나 보다.

나의 취업 성공 요인은 전 세계적으로 수요가 많고 인기가 좋은 분야인 Business Analytics 미국 학위를 가지고, 이 Business Analytics 분야와 일맥상통하는 Marketing Analytics 커리어를 삼성, 현대, LG 등 잘 알려진, 브랜드 가치가 높은 기업에서 근무하여 실무 경력을 쌓았다는 것이다. 그리고 한국에서 다신 일하지 않을 생각으로 다 정리하고 모든 것을 베팅해서 절실하게 구직한 것이었다.

PART. 5

미국 회사 생활과 신분

"인생이란 치과의사 앞에 있는 것과 같다. 그 앞에 앉을 때마다 최악의
통증이 곧 찾아올 것이라고 생각하지만 그러다 보면
어느새 통증이 끝나 있는 것이다."

- 비스마르크

회사 생활을 한 지 1년이 지났지만 문득문득 "내가 지금 미국에 있구나, 미국 회사에서 일하고 있구나"를 혼잣말로 중얼거리며 해외살이를 새로 체감하곤 한다. 너무 오랫동안 꿈꿔오고 준비해온 일이 마침내 이루어져서 너무 행복하고 감사하게 생각한다.

미국에서 살든 한국에서 살든 사람이 생존하기 위해 기본적으로 추구하는 일은 같다. 일을 하고 식사를 하고 사랑하는 사람들과 시간을 보내고 좋은 일은 기뻐하고 슬픈 일에는 눈물을 흘린다. 하지만 나라마다, 사람마다 추구하는 가치와 문화는 다르기에 생활 방식에서 그 차이가 생긴다.

이제 미국 생활 2년이 넘었다. 어학연수는 한 번도 해본 적 없고, 해외라고 해봤자 2주 미만의 여행으로 이곳저곳 다녀본 게 전부인 내가 지금은 미국에서 살고 있다. 인종차별이나 소수 민족이 겪는 서러움 없이 잘 지내고 있다.

그간 미국은 강력한 신뢰 사회라는 것을 느꼈다. 넓은 땅과 풍부한 자원 덕분에 신뢰 사회가 정착하기 쉬웠으리란 생각이 들기도 하지만, 그 역시 이들이 선택한 결과다. 너무나도 소비자 중심으로 돌아가는 환불 정책과 허술하게 보일 경우도 있는 몇몇 제도들은 그 신뢰의 결과라고 생각된다. 기본적으로 신뢰를 기반으로 하기 때문에 환불한다면 다 이유가 있는 것이고, 정책이나 제도에 있어서 이용자들의 자격을 꼼꼼히 확인하지 않는 것 또한 당연히 자격이 있는 자들만 지원할 것이라고 믿기 때문이라는 생각이 든다. 그러기에 이면의 의미를 해석해야 하는 경우가 많지 않다. Yes라고 하면 Yes고 No라고 하면 No다.

한번은 커피를 주문하려다가 픽업할 매장이 아닌 다른 매장으로 모바일 주문을 해버린 적이 있었다. 나는 그것도 모르고 내가 주문했다고 생각한 매장으로 갔고, 도착해서야 잘못 주문한 것을 알게 되었다. 직원에게 자초지종을 설명하니 직원은 걱정하지 마라며 내가 주문한 커피를 만들어주었다. 재미있는 사실은 비슷한 시기에 한국에 사는 친구도 같은 경험을 했는데, 픽업을 신청한 매장에서만 커피를 받을 수 있다며 친구를 돌려보냈다고 했다.

미국에 대해 많은 사람이 극심한 자본주의 사회라고 말하지만, 오히려 내가 경험한 미국은 인간중심적이었다. 미국에서 살면서 드물게 차를 소유하지 않고 걸어 다니는 나는, 운전자들이 보행자를 어떻게 대우하는지를 보며 감탄한다. 항상 차보다 사람이 우선이고, 차가 먼저 지나가도 충분히 길을 건널 수 있는 시간인데도 불구하고 나를 기다려준다. 물론 만에 하나 아닌 경우도 있다. 하지만 기본적으로 미국은 보행자 중심의 문화이고 뚜벅이인 나는 이를 매우 반갑게 생각한다. 미국은 땅이 넓고 한국처럼 교통이 혼잡하지 않아서 그럴 수 있다고 할 수 있지만, 이 역시 그들의 선택으로 나타나는 문화다.

사회나 남의 잣대에 스트레스받을 일 없이 내가 어디에서 왔건, 우리 집안이 어떻든, 내가 돈이 얼마나 있는지, 결혼은 했는지, 자식은 있는지, 어떤 브랜드를 이용하는지 상관없이 온전히 내 가치관대로 내 인생을 운전하며 살 수 있어서 매우 행복하다. 사람마다 경험이 다르므로 미국에 대해 안 좋은 기억이 있는 사람도 있고, 한국이 미국보다 더 낫다고 생각하는 사람도 있다. 나는 유학을 와서 취업하고 정착해가는 과정이라 나와 다른 루트로 미국을 경험한 사람은 충분히 다르게 느낄 수도 있다. 다만 나는 미국에서 살면서, 회사 생활을 하면서 미국의 긍정적인 면을 보았다. 미국 회사에서 안 좋은 대우를 받으며 해고당해본 사람이라면, 미국 회사 생활에 회의적일 수 있다. 하지만 나는 지금까지는 매우 만족하며 생활하고 있다. 이제 본격적으로 미국 회사 생활에 관해 얘기해보고자 한다.

✦ 미국 회사 생활 시작과 적응

입사 예정일이 9월 1일이었지만 Background Check가 늦어지는 바람에 9월 7일에 입사했다. 설레고 긴장되는 마음을 안고 회사 건물로 들어섰다. 사실 집을 회사까지 도보 13분 정도 거리에 구한 터라 입사 날을 앞두고 미리 회사 건물 답사를 할 수 있었다. 코로나로 많은 직원이 재택근무를 하고 있는 상황이었고, 팀장님은 댈러스에 계시고 팀원들은 미국 전역에 흩어져있는지라 입사 첫날 나를 맞이한 사람은 우리 팀원 중 애틀랜타에 거주하는 한 분뿐이었다. 먼저 나의 PC 세팅을 도와주시면서 이런저런 팀 관련 설명을 해주셨다. 내 입사에 맞춰 팀장님이 팀원들에게 내 입사를 알리는 이메일을 발송했고 벌써 내가 인기 있다는 농담을 하며 긴장을 풀어주셨다.

입사 날 팀장님과 화상 회의를 하며 이런저런 설명을 들었다. 바로 나는 여러 회의에 투입되어 자기소개를 하는 일을 몇 번이고 반복했다. 내가 간략한 소개를 하니 "같이 일하는 거 기대할게(Look forward to working with you)"라고 호응해주었는데, 기대까진 하지 않았으면 좋겠다고 생각했다. 영어를 알아듣지 못해 실수를 할까 봐 두려움이 있었고 아직 뭐가 뭔지 분위기 파악이 되지 않아 낯설었다. 통신 회사는 처음인 만큼 회의에서 듣는 단어들이 낯설어 대화의 의미가 바로바로 감이 오지 않았다.

이게 영어의 문제인지 새로운 산업에 입문해서 생기는 문제인지 헷갈렸다.

한국에서 대기업에 경력직으로 이직하면서는 합숙 교육을 받기도 했는데 여기선 그런 과정 없이 바로 업무에 투입되었다. 이것 자체가 테스트였는지 우연한 기회였는지는 모르겠다. 입사 후 일주일이 지난 시점에 팀장님과 회의를 하게 되었는데 본인이 분석하던 자료를 나에게 보여주며 어떻게 진행하면 좋겠냐고 물었다. 곧 가격 상승이 있는 상품이 있는데 고객들이 어떤 반응을 보일지 예측하는 분석이었다. 그 대화를 한 날이 금요일이었다. 팀장님은 이 분석 건을 보여주면서 언제까지 해결하라는 이야기는 하지 않으셨다. 나는 신입이고 빨리 배우고 적응하고 싶어서 주말 동안 일단 이 분석이 무엇을 하려는 것인지 100% 이해하려고 노력했다. 그리고 팀장님이 어떤 방향으로 분석을 시도하고 있는지까지 내용을 파악했다. 그런 다음, 방금 Business Analytics 석사를 마친 상큼한 마음으로 이 문제에 어떻게 접근하는 게 좋을 것인지를 생각하고 엑셀에 일단 내가 생각하는 방향을 발전시켜 보았다. 바로 돌아오는 월요일에 마침 팀장님과의 1:1 정기적인 회의가 있었다. 그래서 그 회의에서 내가 주말 동안 생각한 바를 설명했다. 그랬더니 팀장님이 굉장히 참신하게 생각하시면서 그 방향으로 진행해보라고 하셨다. 그래서 분석을 완성해서 보여드렸더니 잘했다고 하셨고 "어, 며칠 만에 분석했네?"라며 인상적이라고 하셨다. 나는 뿌듯했고 팀에 기여를 한 것 같아 기뻤다. 그렇게 지나가는 줄 알았는데 이틀 후에 연락이 와서 팀 회의에서 이 분석을 발표할 수 있겠냐고 물으셨다. 이 팀 회의가 나중에 알고 보니 임원들 포함 리더들이 정기적으로 하는 전략 회의였다. 입사 한 달도 안 된 시점에서의 첫 발표였다. 발표 리허설만 한 스무 번은 한 것 같다. 나에게 주어진 시간은 10분이었고, 발표는 별 탈 없이 끝났다.

이 발표를 계기로 자신감을 가지고 업무를 해나갔다. 미국 회사는 처음이었지만 업무로는 신입이 아니다 보니 한국에서 일한 경험이 많은 도움이 되었다. 대기업이 돌아가는 건 다 비슷하다는 생각이 들기도 했다. 하지만 언어가 다르니 그에 따른 문화가 다르고, 추구하는 가치도 다르다는 것 또한 확실히 느꼈다.

✦ 명확한 업무 분장

지금 내가 맡은 일을 처음 구직할 당시의 Job Description과 비교해 보면 거의 같다고 할 수 있다. 입사 전부터 내가 할 일은 정해져 있었고 지금 그 일을 하며 그에 따른 평가를 받고 있다. 한국에서는 여러 사람이 같이하는 일이 많았다. 그래서 일은 내가 다 했지만 그 일을 한 사람의 이름에는 다른 사람이 표기되는 무임승차를 당한 적도 있었다. 여기는 일을 같이한다는 개념이 없다. 여러 명이 같이 한 일을 하게 되더라도 그 일 안에서의 역할 분담이 분명하다. David는 분석이고 Alex는 전략 수립, 이런 식으로 명확히 나뉜다.

업무 분장은 명확하고, 내 업무는 내가 찾아야 한다. 예를 들어 내가 마케팅 캠페인 분석을 담당하지만 그 주제 관련 업무는 내가 하기 나름이다. 요청이 들어오지 않은, 하지만 내가 생각할 때 필요한 주제를 진행해서 도움이 되고 좋은 성과를 내면 자연스럽게 좋은 평가를 받을 수 있다. 그냥 지시된 일만 하고, 수동적으로 업무에 임하면 성과와 평가가 좋지 않게 된다.

　세상 도움 안 되는 쓸데없는 복 중 하나가 일복이라고 농담처럼 얘기하고는 했는데 미국에 와서도 나는 일복이 많다. 사실 내가 일을 욕심 부리며 만드는 면도 있다. 지금은 마케팅 캠페인 관련 분석 업무를 전임자에게 물려받았다. 이는 내 업무의 중요한 주제인데, 마케팅 캠페인 분석이 내 특기인지라 전문성을 충분히 발휘하면서 회사에 기여하고 있다. 자연스럽게 성과도 잘 나오고 평가도 잘 받고 있어서 매우 행운이라고 생각하며 일을 즐기고 있다.

✦ 회사 문화

　다른 팀 팀원이 우리 팀장님에게 이메일을 보내면서 'Hey ○○○(이름)'이라고 시작하는 것에 매우 놀랐다. 한국으로 따지면 반말로 말을 거는 느낌인데 종종 사람들이 그렇게 쓰는 걸 보니 그게 건방지거나 무례한 것은 아닌 것으로 보인다. 나는 아직 팀장님에게 Hey를 써보진 않았고, Hi ○○○(팀장님 이름)으로 대화를 시작한다.

　미국은 위아래를 의미하는 호칭 없이 이름을 부르다 보니 상하관계가 없다. 자연스럽게 같이 일하는 사람들의 나이를 모른다. 직급이 한국처럼 세분화되어있지도 않아서 사실 업무를 하면서 팀장인지 아닌지 정도 말고는 특별히 직급에 대한 개념이 없다. 한국에서는 어느 정도 연차가 되면 팀장이 되는 것이 당연하고 팀장이 안 되면 낙오된 것처럼 비치기도 한다. 하지만 미국은 프로페셔널 루트를 갈 것인지 리더십 루트를 갈 것인지 선택한다. 시간이 지나서 리더가 되는 길을 택하기도 하고, 아니면 리더가 되지 않고 팀원으로 일하면서 자기의 전문성을 발휘하기도 한다. 그래서 팀장보다 나이가 지긋한 팀원이 있는 것이 다반사다.

한번은 다른 팀 분석가와 Zoom으로 대화한 적이 있었다. 오디오 회의라 얼굴을 보지는 못했지만 사진을 보니 머리가 거의 백발에 가까웠다. 그래서 내가 정중하게 베테랑이신 거 같아서 여쭌다며 경험이 어떻게 되는지 물었다. 그분은 이미 몇 년 전에 퇴직하시고 플로리다에서 퇴직 생활을 즐기시다가 우연히 파트타임으로 취업해 재택근무를 하고 있었는데, 그 후 풀타임 제안까지 받아서 다시 일하게 되었다고 하셨다. 아무래도 경험이 많으시다 보니 업무에 대한 이해도나 수준이 남달라서 정말 배울 것이 많았다. 그분은 회사에서 전문가로 인정받고 계셨고 바쁘지만 즐겁게 일하고 계셨다. 한국에서는 정말 보기 드문 케이스일 것이다.

한국과 미국은 진급 문화도 매우 다르다. 한국에서 모 대기업에 다니던 시절에는 사원이 대리가 되기 위해 한자시험 등 몇 과목 시험을 통과했어야 했다. 진급 시즌, 진급 대상자도 정해져 있어서 진급 발표 시즌만 되면 휴가를 내는 사람들이 생겼다. 또 진급한 사람은 팀원들에게 거하게 한턱내는 것이 약속처럼 되어있어서 이것이 부담되는 사람도 있었다. 내가 미국에서 본 진급 문화는 진급 시즌이나 대상자가 따로 없고 연중 수시로 진급이 진행된다. 그 진급에 대해서도 대대적인 공지가 있거나 하지 않는다. 진급 축하도 특별히 있지 않고 다 같이 회의하는 자리가 있을 때 언급되는 편이다. 공지나 축하에 대한 룰은 딱히 없는 것으로 보이며 진급에 대해 크게 신경 쓰지 않고 하루하루 돌아가는 일을 바쁘게 진행하다가 매년 성과를 내는 데에 더 초점을 맞추는 것으로 보인다. 나도 내가 언제 진급하는지에 대한 관심보다는 앞으로 리더가 될 것인지 아니면 프로페셔널이 될 것인지에 대해 팀장님과 얘기하고 있다.

내가 아직도 어려워하는 부분은 '개인적인 정보를 회사 사람들에게 어느 선까지 오픈해야 하는가'이다. 나이 묻는 것을 실례로 여기기 때문에 아무도 내 나이를 궁금해하지 않으며, 개인적인 이야기를 묻지도 않기에 나에 관해 어디까지 이야기할지 그 적정선도 내가 정해야 했다. 한국에서 경력직 사원이 입사하면 이름과 함께 나이, 결혼 여부, 자녀 유무는 거의 필수로 공개된다. 하지만 미국은 그런 정보를 매우 개인적인 것으로 여기며 자발적으로 얘기하는 건 괜찮지만 먼저 물어보지는 않는 문화다. 팀장님과의 대화에서 자연스럽게 주말에 한 일을 얘기하면서 팀장님의 자녀가 몇 명이 있고 아내분이 어떤 일을 하는지는 알게 되었지만, 반대로 내 얘기는 어디까지 오픈해야 하는지는 아직도 숙제다. 친구들에게 물어보니 그 부분은 전적으로 내 의지이며 내가 말하고 싶으면 말하고 아니면 안 해도 된다고 했다. 상대방이 오픈한 만큼 나도 오픈해야 하는지, 어디까지가 예의에 어긋나지 않는 것인지 여전히 배워가고 있다.

또 한국과 다르다고 느끼는 점은 '쪼는 문화'다. 한국에서는 소위 '쪼면 된다'는 인식이 많다. 사실 쪼면 또 되긴 한다. 그래서 또 쪼고, 또 쪼면서 그 악순환이 반복된다. 하지만 업무를 완료하는 데는 소요되는 시간이 있게 마련이다. 여기선 그 시간이 예를 들어 3일이면 3일 후에 완료되는 거다. 3일을 1일로 닦달한다고 업무 하는 사람이 1일 만에 급하게 하지도 않을뿐더러, 3일이면 그냥 3일 동안 하는 거다. 나는 빠르게 업무 하는 방식에 익숙해서인지 일을 빨리한다는 얘기를 듣는 편이다.

하지만 동시에 다른 사람과도 페이스를 맞추려 하고, 빠르게 하다가 실수하지 않으려 노력한다.

이곳에서는 업무를 누가 딱히 가르쳐주는 것이 아니라 스스로 알아가며 해야 한다. 예를 들어 내가 마케팅 분석을 하려고 할 때, 필요로 하는 데이터가 어디에 있는지 물어가며 알아내고 그 배움을 바탕으로 업무를 완성해나가게 된다. 내가 다른 동료에게 도움을 줄 수 있을 때는 도움을 받은 것처럼 나도 친절히 알려주려 노력한다.

사람들이 모여 단위를 구성하는 한 정치라는 것이 존재하지 않을 수는 없다. 하지만 내가 경험한 한국 회사 생활은 정치판이고 능력과 성과보다는 정치에 의해 거의 모든 것들이 작동된다. 내가 원하는 것은 높은 자리로 올라가서 소위 말하는 출세한 사람이 되는 것이 아니라, 내가 맡은 업무를 잘하고 그것이 내게도 좋은 경험과 발전의 계기가 되는 것이다. 그 결과 회사에 이익이 되고, 나 또한 그에 대한 적절한 보상을 받는 것이다. 하지만 이 단순한 과정이 한국에서는 참 쉽지 않았다. 나는 미국에서 명백히 소수 민족이고 한국에서 40년 이상을 살다가 미국으로 갓 건너온 루키다. 미국 회사 생활은 처음인 데다 2년도 되지 않았고 영어도 완벽하지 않다. 하지만 마케팅 분석이라는 분야에 전문성을 가지고 일하고 있다. 여기서는 내가 지금까지 쌓아온 전문성과 경험을 최대한 발휘하면서 즐겁게 일할 수 있었다. 즐겁게 잘하는 일을 하다 보니 결과도 좋게 나오고 그에 대한 보상도 충분히 받고 있다. 그러니 나는 일을 더 잘하고 싶어진다. 이런 생활이 가능해서 기쁘다.

리더들의 비전 공유, 실적 및 회사 방향에 관한 발표를 자주 본다. 하루는 이런 발표 중에 한 리더분이 회사에 입사하게 된 동기를 말하면서 본인의 모친이 이 회사의 콜센터 직원이셨다는 가족 이야기를 공유

했다. 그분은 회사에서 매우 높은 위치에 있는 분이셨다. 한국에서는 보기 힘든 장면이어서 매우 인상적이었다. 이분에게는 회사에 대한 굉장한 열정이 있었고 회사를 사랑하고 회사가 잘되기 위해 노력하는 진심이 보였다.

회사가 크고 재택근무를 하다 보니 팀원들은 미국 각지에 흩어져 있다. 팀원마다 시차도 달라서 그 시차를 고려한 회의 시간을 세팅해야 한다. 나는 동부 시간이고 팀장님은 중부 시간이며 팀원 중 캘리포니아에 있는 친구들은 서부 시간이어서 우리는 서로의 시간대를 고려해 팀 회의 시간을 정한다. 오전 8시 이전이나 오후 5시 이후는 좀처럼 회의를 하지 않는다. 주마다 세금과 휴가 정책이 달라서 어느 주에 거주하느냐에 따라 소득의 세율이 다르고, 심지어는 세금이 없는 주도 있다. 휴가의 경우도 연말까지 다 소진해야 하는 주가 있는 반면 다음 해 3월까지 소진해도 되는 주도 있다. 같은 회사 같은 팀이어도 거주하는 주에 따라 영향을 받는 정책이 다르다.

매우 가족 중심적인 문화의 미국이라 회의를 하다가도 얘기가 길어져 오후 5시가 넘으려 하면 아이를 픽업하러 가야 한다는 팀원의 얘기를 듣기도 한다. 월요일 회의는 항상 주말에 한 일들을 공유하는 가벼운 대화로 시작한다. 결혼한 사람들은 아이들의 활동을 지원하는 픽업 활동이나 가족 여행이 주요 일정이다. 회사 사람들끼리 저녁을 같이하는 일은 매우 드물다.

✦ 진정한 리더를 만나다

한국에서 '팀장'이란 단어를 떠올리면 생각나는 이미지는 권위, 강압, 독재자였다. 나는 지금 우리 팀장님을 지칭하는 나만의 용어로 '천사'라는 단어를 쓰고 있다.

내가 매우 운이 좋다고 생각한다. 누군가가 체험 극과 극을 의도적으로 세팅하려고 한 것처럼 지금 회사에서도 매우 좋은 분에 속하는 분이 내 팀장님이다. 우선 입사 첫날 내가 받아야 할 PC와 사원증, 업무용 휴대전화, 모니터 신청의 모든 과정을 팀장님이 챙겨주셨다. 한국에서는 보통 팀의 막내가 하는 일인데 팀장님이 직접 모든 일을 챙기셔서 낯설고 신선했다. 미국에서의 리더는 팀원을 서포트하는 것이 역할이기 때문에 새로운 멤버가 들어오면 그들의 정착을 위해 여러 행정 업무 처리를 하는 것도 팀장님이 하게 된다. 그래서 미국은 직급이 위로 올라갈수록 일이 많다.

격주마다 팀장님과 1:1 회의를 하는데, 나는 이 시간을 매우 기대한다. 보고하는 시간보다는 업무에 대해 논의를 하고 내가 해결하지 못하는 부분에 대한 조언과 업무 방향에 대해 건설적인 대화를 하는 시간이다. 그리고 팀장님은 내가 어떻게 하는지 보고 평가하기보다는 내가 업무를 잘 수행할 수 있도록 가이드하고 리드하고 또 나에게 배울 점은 배우려고 하신다. 또 내가 자기계발 관련 원하는 것이 있으면 전폭적으로 지지하고 도와주신다. 운이 좋게도 아직 우리 팀장님의 단점을 발견하지 못했다. 팀 동료 중 한 분도 이분에 대한 안 좋은 얘기를 들은 적 없다고 하니, 정말 이런 분을 리더로 둔 것이 행운이라고 생각된다. 이번

생에 이런 리더를 만나는 게 가능하게 될 줄 몰랐다.

한번은 추수감사절(Thanksgiving) 연휴가 시작되기 바로 하루 전에 다른 팀에서 업무 요청이 들어왔다. 한국으로 따지면 임원분이 직접 요청하신 건이었다. 그런데 금요일 오후 1시쯤 연락해서는 그날 처리해줬으면 좋겠다고 해서 조금 난감했다. 어느 정도 시간도 필요하고 너무 급하게 요청해서 고민하다가, 그래도 조금 더 일해서 그날 완료하는 것이 좋겠다고 생각하고 하고 있었는데 팀장님이 연락 와서 어느 정도 걸리는 일이냐며 무리한 부탁이면 마감일을 미루어주겠다고 하셨다. 연휴 후 돌아오면 일주일이 훅 지나가는지라 그냥 조금 더 일해서 오늘 마무리하겠다고 하고 그날 마무리했는데, 팀장님이 마감일을 미루어주겠다고 해주신 자체로 큰 감명을 받았다. 한국 같았으면 당연히 그날 마무리하라고 했을 텐데, 심지어 팀장님이 급하게 일하지 않으면 좋겠다고 해주셔서 더 감사했다. 미국에서는 이런 게 당연한 일인 건지, 아니면 우리 팀장님이 너무 천사이신 건지 모르겠다. 마감기한이 임박한 업무가 아니면 대부분 하루 8시간을 준수해서 업무하기 때문에 이렇게 업무시간을 초과해서 일하는 것이 일반적이지는 않다.

또 한 번은 새로 업무 파트너가 된 다른 팀원과 일하면서 힘든 부분이 있었는데 불합리하거나 무리한 업무 요청이 들어오면 본인에게 도움을 청하라고 하면서, 기꺼이 'Bad Guy'가 되어줄 것이고, 그게 팀장이 있는 이유라고 해서 감동한 적도 있었다.

✧ 영어

미국에서 일하려면 영어를 잘해야 한다고 생각할 것이다. 하지만 내가 경험하고 깨달은 것은 상대방이 무슨 말을 하는지 알아듣고 내 의사만 표현할 수 있으면 된다는 것이다. 유창하면 좋겠지만 꼭 그렇지 않아도 되는 것 같다.

아직 나도 100% 알아듣지 못한다. 그래서 애매하거나 잘 모르겠으면 다시 얘기해달라고 한다. 생각보다 미국 사람들이 인내심이 많다고 생각한다. 내 영어가 부족해서 내 말을 못 알아들었을 때도 매우 정중하게 다시 얘기해달라고 하거나 확인한다. 이민자가 많은 나라라 그런 분위기가 당연하게 자리 잡은 것 같기도 하다. 면접 때도 100% 확실하게 알아듣지 못한 질문에 대해 확인차 다시 물어봤고 다시 질문하는 것은 어떤 문제도 되지 않았다. 막 미국에서 회사 생활을 시작했을 때는 세련된 원어민 영어를 구사하는 것이 내 목표였다. 하지만 지금은 생각이 바뀌었다. 나는 원어민이 아니고, 원어민이 아닌 이상 영어로 승부를 볼 수는 없으므로 전문성을 키워서 명확하게 나의 의사를 표현하는 것이 목표가 되었다.

주위 친구들을 보면 영어를 잘하는 것이 분명 유리하긴 하지만, 영어가 미국 취업을 보장하지는 않는다. 영어를 못해서 의사소통에 문제가 있으면 그것은 문제가 되지만 잘한다고 해서 이점이 되지는 않는다. 영어는 의사소통의 수단이지 그 자체가 목적은 아니기 때문이다. 여러 나라를 여행 다녀봤지만, 어학연수를 가거나 외국에서 살아본 경험은 없다. 그냥 영어가 필요한 것 같아서, 영어를 좋아해서 대학생 때부터 계속 공부했다. 영어회화학원, 어학원도 다니고 특히 청취 수업을 오랫동안 수강했다. 개인 과외를 받기도 했다. 지금도 회사에서 업무상 대화, 또는 화상 회의를 하면서 처음 듣는 단어나 문구는 찾아보고 공부한다. 중요한 내용을 혹시나 못 알아들어서 놓치게 되는 일이 생길까 봐 들을 때 좀 더 집중한다. 영어는 평생의 숙제인 듯하다.

✧ 체류 신분

체류 신분 순서

1. F1 비자 OPT(1년)
2. F1 비자 STEM OPT(2년)
3. 취업 비자 H1B(최대 6년)
4. 영주권

외국인 근로자로서 이 신분이 가장 신경 쓰이는 부분이다. 앞의 체류 신분 순서가 영주권 획득까지 가는 가장 정석의 순서다. 나는 졸업 직후 큰 무리 없이 OPT를 활용해서 취업에 성공했다. 내 전공은 STEM에 속하므로 학생 비자인 F1 비자를 활용해서 최대 3년까지 근무가 가능하다. 이 기간 이내에 회사에서 취업 비자를 스폰서해주면 H1B 비자로 3년을 연장하여 최대 6년까지 근무가 가능하다. 취업 비자인 이 H1B 비자의 한 가지 까다로운 점은 아무리 회사가 이 H1B를 이용해서 외국인을 고용하고 싶어도 비자가 Lottery, 곧 추첨하는 방식이기 때문에 추첨에 당첨되지 못하면 일을 할 수가 없다. 즉 회사가 취업 비자를 스폰서해서 H1B를 신청하지만 추첨에 당첨되지 않으면 취업 비자를 받지 못하는 것이다. 보통 평균 당첨률이 30% 정도로 알려져서 STEM OPT가 가능한 사람의 경우 최대 3년간 H1B를 세 번 시도할 수 있다. 웬만하면 3년 이내에 이 취업 비자를 획득할 수 있다고 생각하면 된다. 그래서 STEM OPT가 상당히 유리하고 안정적이다. 물론 너무 운이 없어서 3년 동안 취업 비자를 신청하고도 한 번도 당첨되지 못해 다시 한국으로 돌아와야만 했다는 스토리를 가진 분도 있다.

STEM OPT가 아닌 그냥 OPT의 경우는 1년의 취업 기간에 H1B를 신청하고 당첨이 되어야만 근무를 계속할 수 있다. 이 때문에 근로자도 불안하고, 회사도 직원 입사 몇 개월 이내에 이 직원에게 취업 비자를 지원할지 말지를 결정해야 하는 상황이 발생한다. 그래서 현실적으로 시간이 촉박하다. 외국인 직원을 많이 뽑는 회사에는 비자 관련 부서와 전문 담당 인력들이 있고 지정 로펌까지 있을 정도다. 덕분에 외국인 직원을 뽑으면 어떤 프로세스를 거쳐야 하는지 잘 알고 발 빠르게 움직인다. 외국인 구직자 입장에서는 외국인 근로자 채용 경험이 많은 회사가 비자 관련 문제를 진행하기 유리하다.

나의 경우는 입사하자마자 H1B 준비가 시작되었다. 회사에서 지정한 로펌에서 내가 해야 할 일들을 알려주면 나는 그에 맞춰 서류를 작성하고 준비했다. 비용은 회사에서 모두 부담한다. H1B가 한 번에 되면 좋지만 나의 전공은 STEM OPT에 해당되어 최대 3년간 학생 비자를 이용해서 일을 할 수 있었고, 그 기간 안에만 H1B를 받으면 되었다. STEM OPT를 진행하려면 500달러 정도의 비용과 지난한 프로세스를 거쳐야 하므로 회사에서 지원해주는 H1B가 한 번에 되는 것이 가장 좋은 시나리오였다. STEM OPT가 없는 학생들은 한 번에 H1B를 획득해야 하므로 정말 긴장될 것 같다. 9월 입사 후, 다음 해 3월 초에 지원을 하고 3월 31일에 결과가 나왔다. 빠른 진행이었다. 나는 매우 운이 좋게 한 번에 당첨되었다.

이제 다음 단계는 영주권이다. 내가 Job Offer를 받을 당시 안내받은 내용 중 하나가 입사 6개월 후에 영주권 진행 여부를 결정한다는 것이 었다. 그런데 앞에서 얘기했듯 나는 우연히 처음 맡은 업무로 리더 회의 에서 발표까지 하게 되어 팀장님에게 좋은 인상을 남겼다. 그 덕분에 영 주권 진행 여부는 입사 6주 만에 진행으로 결정되었다. 영주권을 받는 카테고리는 여러 가지가 있는데 나의 경우는 EB2다. 영주권 과정은 약 2년 정도 소요된다. 영주권 신청자의 국적에 따라 이 과정의 소요기간이 다르다. 인도나 중국처럼 인구가 많은 나라의 경우는 더 오래 걸려서, 학 생 비자로 일을 시작해서 영주권을 받기까지 10년 이상 걸린다고 알려 진다.

내 연봉과 업무 필요 요건/직무 등에 대한 내용을 나, 팀장, 로펌이 다 같이 확인한 다음 미국 노동청에 제출해서 Prevailing Wage Request 를 진행하고 Prevailing Wage Determination을 받는다. 이후 내 포지션의 Job Posting을 통해 미국 내에서 이 포지션에 적합한 사람을 찾을 수 없 으면 이를 바탕으로 영주권 승인을 받게 되는데, 이 과정에서 내 경력을 증명할 Experience Verification Letter를 전 직장 상사들로부터 받는 과정 도 필요하다. 이 영주권 과정은 시간도 많이 걸리고 로펌 비용도 상당한 데, 내 경우는 회사에서 지원해줬다. 가족이 있는 경우는 가족의 영주권 도 같이 진행한다.

H1B 신분이거나 영주권을 신청한 상황이면 해외여행은 자제하는 것이 좋다. 미국 밖을 나가서 다시 돌아올 때 문제가 생길 수 있고, 아무

리 취업 비자를 가지고 있거나 영주권을 진행 중이더라도 입국 관련 업무는 회사에서 관장하는 것이 아니므로 문제가 생길 여지가 있기 때문이다. 또 영주권을 신청한 후 이사를 하는 것은 근거리 지역으로 제한되며, 주소 변경 시에 반드시 관련 사항을 영주권 신청에 업데이트해야 한다.

계속 미국에서 일하려면 체류 신분이 확실해져야 한다. H1B에 당첨되지 않아 미국을 떠나야 하는 상황을 피하기 위해 박사 과정에 진학하거나 캐나다로 가서 취업하기도 하고, 본국으로 돌아가서 다시 취업을 진행하는 경우도 봤다. H1B 비자를 가지고 일을 하고 있다가 해고를 당하게 되면 60일간의 기간 이내에 다시 고용주를 구해야 하는 등 신분 유지 관련해서 일이 복잡해진다.

이 지난한 체류 신분 안정을 위한 시간들이 지나 나의 미국 정착 여행이 마무리되길 고대하며 오늘도 소중한 하루를 보낸다.

$$\text{Epilogue}$$

"이것이 당신의 인생이다. 당신이 사랑하는 일이 있다면 자주 그것을
하라. 마음에 들지 않는 일이 있다면 바꿔라. 새로운 일, 새로운 사람
들에게 마음과 두 팔, 가슴을 열어라. 우리는 서로의 다름 안에서 하
나로 이어져 있다. 옆에 있는 사람에게 열정에 대해 묻고 당신의 꿈과
영감을 그들과 함께 나눠라. 자주 여행하라. 길을 잃는 것이 너 자신
을 찾도록 해줄 것이다. 어떤 기회는 단 한 번만 온다. 그것을 붙잡아
라. 인생은 당신이 만나는 사람들과 당신이 함께 만들어가는 것이다.
그러니 나가서 그 창조적인 일을 시작하라. 인생은 짧다. 당신의 꿈을
살고 당신의 열정을 나눠라."

– 피터 드러커, 『피터 드러커의 최고의 질문』

이 책을 펼치고 끝까지 내 여정을 같이한 독자에게 고마움을 표한다.
이 책을 읽은 시간이 의미 있는 시간이었기를, 독자분들이 찾고 있는 질
문에 대한 답을 얻고 인생에서 하나의 중요한 Action을 하는 데 좋은 가
이드가 되었기를 바란다. 왜냐하면 피터 드러커가 『프로페셔널의 조건』
이라는 책에서 조언했듯 나는 사는 동안 다른 사람의 삶에 변화를 일으
키고 싶고, 그것이 이 책을 쓴 이유 중의 하나였기 때문이다.

이 책에서 쓰인 내가 발견한 구구절절한 명언들은 내가 책을 읽으며

감명받은 내용을 메모해두었던 것들이다. 이번 책을 쓰면서 모두 활용하여 소개하고 싶었다. 독자들이 좋아하고 독자의 마음에 울림을 준다면 더없이 기쁠 것 같다.

"You earned it!"

미국에서 취업에 성공하고 회사를 다니기 시작했을 때 선배가 해준 축하의 말이다. 너무나도 멀고 불가능해 보였던 꿈들이 하나씩 이루어졌다. 한국에선 전생에 나라를 팔아먹었다고 생각하며 살았는데, 여러분이 앞에서 읽었듯 미국에선 전생에 나라를 구했다고 생각하며 살고 있다. 감사한 많은 분이 생각난다. 옆에서 나를 무조건 응원해주는 인생 파트너와 애틀랜타에 정착하게 많은 도움을 준 친구, 내가 미국에 정착하도록 취업과 영주권 관련 응원과 지원을 아끼지 않는 나의 선배, 친구, 동료들에게 감사하다. 그리고 지금 미국에서 나와 일을 하고 있는 훌륭한 상사와 동료들도 감사하다. 이들 모두가 내 꿈을 실현하는 데 지분을 가지고 있다.

내가 원한 많은 것들을 이루었지만 이게 끝은 아니다. 미국에서 나만의 커리어를 쌓고 더 성장하기 위한 고군분투가 오늘도 계속된다.

참고문헌

· 피터 드러커 외 2인, 『피터 드러커의 최고의 질문』, 다산북스, 2017.

· 콜슨 화이트헤드, 『니클의 소년들』, 은행나무, 2020.

· 어니스트 헤밍웨이, 『태양은 다시 떠오른다』, 민음사, 2012.

· 피터 드러커, 『프로페셔널의 조건』, 청림출판, 2001.

· 이철승, 『불평등의 세대』, 문학과지성사, 2019.

· 빅터 프랭클, 『죽음의 수용소에서』, 청아출판사, 2005.

· 피터 드러커, 『피터 드러커의 경영을 읽다』, 처음북스, 2021.

· 루키우스 안나이우스 세네카, 『어떻게 분노를 다스릴 것인가?』, 아날로그(글담), 2020.

· 에이미 추아, 『정치적 부족주의』, 부키, 2020.

· 이미예, 『달러구트 꿈 백화점』, 팩토리나인, 2020.

나는 오늘부터
미국 대기업으로 출근한다

초판 1쇄 발행 2023년 04월 17일

지은이 강지은
펴낸이 류태연

펴낸곳 렛츠북
주소 서울시 마포구 양화로11길 42, 3층(서교동)
등록 2015년 05월 15일 제2018-000065호
전화 070-4786-4823 | **팩스** 070-7610-2823
홈페이지 http://www.letsbook21.co.kr | **이메일** letsbook2@naver.com
블로그 https://blog.naver.com/letsbook2 | **인스타그램** @letsbook2

ISBN 979-11-6054-626-2 (13320)